대한민국 좌파 리포트

The Korea Leftist Report

대한민국 좌파 리포트

지 은 이 | 박희봉
펴 낸 이 | 김원중

편 집 주 간 | 김무정
기   획 | 허석기
편   집 | 김주화
디 자 인 | 박정미
제   작 | 박준열
관   리 | 이은, 정혜진
마 케 팅 | 박혜경

초 판 발 행 | 2024년 2월 29일

출 판 등 록 | 제313-2007-000172(2007.08.29)

펴   낸   곳 | 도서출판 상상나무
                상상바이오(주)
주   소 | 경기도 고양시 덕양구 고양대로 1393 상상빌딩 7층
전   화 | (031) 973-5191
팩   스 | (031) 973-5020
홈 페 이 지 | http://smbooks.com
E - m a i l | ssyc973@hanmail.net

ISBN 979-11-86172-81-0 03300
값 18,000원

대한민국 좌파 리포트

The Korea Leftist Report

상상나무

대한민국 좌파 리포트를 쓰면서

2022년 7월 《신뢰의 진화》를 출간한 이후 다음에는 무엇을 할까 생각했다. 사회자본과 신뢰에 관해 책을 썼으니 다음 주제 역시 우리 사회 내 갈등을 줄이고 협력을 이끄는 데 일조하는 방향을 찾아야겠다는 생각에 이르렀다. 이데올로기 갈등을 해결하자는 데 생각이 꽂혔다. 좌파와 우파의 갈등 해결에 대해. 그러다 보니 좌파란 무엇이고, 우파란 무엇인지를 쓰자는 마음이 들었다. 우선 좌파에 대해 쓰고, 다음에는 우파에 대해 쓰자고.

흔히 좌파를 진보로, 우파를 보수로 생각하고 있다. 그러나 좌파가 진보일 가능성도 있지만 보수일 수도 있다. 우파 역시 보수일 수도, 진보일 수도 있다. 진보적인 좌파는 진보이고, 보수적인 좌파는 보수이다. 사회변화를 이끄는 좌파는 진보이지만, 안주하는 좌파는 보수다. 현실에 안주하는 좌파가 많기에 좌파는 진보라는 공식은 더 이상 맞지 않는다.

그러면 좌파란 무엇인가? 지난 20여 년간 각종 연구 결과, 자신이 좌파 또는 좌파에 가깝다는 사람들의 공통점을 발견했다. 모든 사람의 존엄성을 말하고, 자유보다 평등을 우선시하며, 가진 자에게 중과세해야 한다고 주장하고, 평등한 분배를 주장하며, 참여와 소통을 강조하고, 세상이 바뀌어야 한다고 탄식하며, 북한을 도와주어야 한다고 주장하고, 김일성과 김정일, 김정은에 대해서는 언급을 피하며, 북한 사람의 인권에 대해서는 말하지 않고, 반미와 반일, 친중을 주장하는 것이다. 물론 이 중에서 한두 가지를 주장한다고 해서 또는 좌파에 가깝다는 것은 아니다. 전반적인 성향이 그렇다는 것이다.

이상의 공통적 성향은 진보와는 다르다. 마르크스가 주장한 사회주의와 가깝다. 이 책에서는 좌파를 마르크스의 사회주의 이데올로기를 따르는 사람으로 정의했다. 또한 좌파를 극좌파와 온건 좌파로 구분했다. 극좌파는 자본주의 체제의 폐지, 사회주의혁명, 프롤레타리아 독재, 사회주의 완수를 목표로 두고 실천하는 정파로, 온건 좌파는 극좌파의 체제 전복에는 동의하지 않지만 마르크스가 주장한 사회주의의 평등과 모든 사람의 존엄성을 위해 자본주의를 개혁하자는 정파로 정의하면서 이 책을 서술했다.

따라서 이 책은 마르크스의 이론으로부터 시작했다. 마르크스 이론과의 인연은 1989년 저자가 미국 템플대학교Temple University 정치학과 박사과정에 입학하면서 시작됐다. 학위를 받으려면 3개 분야, 한 분야에서 4과목 이상의 수업을 수강해야 했다. 정치철학political philosophy을 한 분야로 선택했고, 플라톤과 아리스토텔레스의 고대 정치철학으로부터 현대 정치철학까지 배웠다. 마르크스에 대해서만 한 과목에서 12주 이상 철저하게 파헤쳤다.

마르크스는 공부를 엄청 많이 한 사람이다. 고대 플라톤과 아리스토텔레스에도 정통하고, 루소의 뒤집어보는 세상에 대해서도 새롭게 이해하며, 로크와 애덤 스미스와 같은 자유주의도 꿰뚫고 있고, 헤겔의 변증법과 포이에르바하의 유물론 등을 비판하면서 자신의 이론 체계를 정립하였다. 마르크스 이론의 색깔과 본질을 알기 위해서는 마르크스뿐만 아니라 마르크스 이전의 서양철학 전반을 이해해야 가능하다.

복잡하고 어려운 마르크스를 독자들이 제대로 이해하는 것은 쉽지 않다. 쉽게 쓰려고 노력했지만, 마르크스 이론 자체가 어렵다. 어려우신 분은 우선 요약만 보시고 넘어갈 것을 권유한다. 책을 다 읽은 후 흥미가 생기면 도전하시면 된다. 물론 평소에 마르크스에 대한 상식이 있으신 분은 자신의 지식과 이 책의 내용을 비교해 보면 새로운 맛을 느낄 것이다.

마르크스의 철학을 간결하게 소개한 후에는 마르크스의 주장을 신념을 가지고 실천하는 대한민국 좌파에 대해 논의하였다. 1편에서는 좌파란 무엇인가를 논의했다. 좌파와 우파, 그리고 진보와 보수를 재정의하였고[1장], 마르크스의 사회주의의 본질을 논의했다[2장]. 2편에서는 대한민국 좌파의 과거를 되짚어 보았다. 3장에서는 해방 이후에서 한국전쟁 전후까지, 그리고 4장에서는 1980년대 이후 좌파의 성장을 다루었다. 그리고 3편은 대한민국 좌파의 현재와 미래를 논의하였다. 5장에서는 대한민국 좌파의 현재 모습과 특징을 다루었고, 6장에서는 대한민국 좌파의 미래에 대해 저자의 생각을 정리하였다.

이 책을 통해 마르크스가 주장하는 사회주의와 대한민국 좌파의 공통점과 차이점을 확실하게 발견하기를 기대한다. 독자들의 다양한 논의를 환영한다.

2024년 2월
박희봉

목 차

Part3 대한민국 좌파의 현재와 미래

제5장 | 대한민국 좌파의 특징

제6장 | 대한민국 좌파의 미래

Part 1

좌파란 무엇인가?

제1장 좌파의 기원

좌파와 우파는 역사적, 시대적 배경에 따라 그 의미가 변화되었다. 마르크스 이론이 정립되기 전에는 현 체제의 문제점을 지적하고 시민의 권리를 급진적으로 신장시키려고 하는 사람을 좌파, 현 체제를 인정하는 사람을 우파로 구분하였다. 따라서 좌파는 진보주의, 그리고 우파는 보수주의로 구분해도 무리가 없었다.

그러나 마르크스 이론이 나온 이후에는 좌파는 모든 국민이 인간의 존엄성을 지키기 위해서는 자유보다 평등의 가치가 우선되어야 한다는 이데올로기를 가진 사람들이다. 반면, 우파는 개인의 자유를 최우선의 가치로 생각하면서 자신의 운명은 자신의 책임하에 스스로 가꾸는 것이 가장 행복한 길이라는 이데올로기를 가진 사람들이다. 이로써 좌파는 진보주의, 우파는 보수주의라는 공식이 깨졌다. 진보주의와 보수주의는 사회의 변화를 추구하는가, 사회의 안정을 추구하는가에 따른 구분이다.

좌파左派, Leftist와 우파右派, Rightest라는 말은 프랑스 대혁명에서 시작됐다. 프랑스 대혁명 당시 의회 의석 배치에서 상대적으로 급진적인 정책을 주장하는 자코뱅당이 의회의 왼쪽 부분에, 사회변화에 온건한 정책을 추진하려는 지롱드당이 의회의 오른쪽 부분에 위치한 데서 유래했다. 좌파인 자코뱅당은 상대적으로 가난한 소시민층과 대중을 지지 기반으로 삼고 강력한 중앙집권을 주장하였다. 반면, 우파인 지롱드당은 부유한 부르주아를 대변하고 경제적 자유주의 이념 아래 온건적인 공화주의를 주장했다.

좌파와 우파는 역사적, 시대적 배경에 따라 그 의미가 변화되었다. 유럽봉건시대 때에는 봉건영주에게 맞서 농노들의 권익을 지키려고 한 사람들이 좌파로 분류된 반면, 봉건 시스템하에서 자신들의 이익을 지키려는 상인들이 우파로 분류되었다. 군주의 절대 권력에 맞서 전체 시민의 권리를 지키려고 한 사람은 좌파, 절대군주 체제를 인정하는 귀족 및 일부 부르주아는 우파였다. 부르주아라도 시민 편에 서면 좌파로 분류되었다. 즉 마르크스 이론이 정립되기 전에는 현 체제의 문제점을 지적하고 시민의 권리를 급진적으로 신장시키려고 하는 좌파, 현 체제를 인정하는 사람을 우파로 구분하였다. 따라서 좌파는 진보주의, 그리고 우파는 보수주의로 구분해도 무리가 없었다.

그러나 마르크스^{Karl Marx}가 사회주의 이론을 완성한 후에는 좌파와 우파의 구분이 달라졌다. 그는 자본주의 체제하에서는 개인 간의 극단적인 경쟁이 치열해져 경쟁에서 승리한 소수의 자본주의자만이 사람으로서의 가치를 인정받고, 경쟁에서 패배한 절대다수의 프롤레타리아는 근본적인 인간의 존엄성을 잃는다면서 자본주의를 비판했다. 따라서 사회주의를 통해 모든 사람의 정치적·경제적 권리를 회복할 수 있도록 경제적 평등을 이루어야 모든 인간의 존엄성을 회복할 수 있다고 하면서 사회주의를 주창했다. 이후 좌파는 개인의 정치적·경제적 평등을 우선적인 가치로 생각하는 사람으로, 우파는 개인의 정치적·경제적 자유를 우선적인 가치로 생각하는 사람으로 양분되었다.

좌파는 모든 국민이 인간의 존엄성을 지키기 위해서는 자유보다 평등의 가치가 우선되어야 한다고 하면서 개인의 책임하에 인간의 존엄성이 지켜질 수 없기에 사회와 제도가 모든 사람의 정치적·경제적 평등을 위해 재화를 골고루 분배해야 할 책임이 있다는 이데올로기를 가진 사람들이다. 따라서 국가는 모든 사람의 평등을 달성하기 위해 적극적으로 사회 시스템과 제도를 개혁해야 하고, 정치 시스템은 1인 1표의 평등한 주권 배분만으로는 부족하며 적극적으로 대중의 목소리를 반영하는 참여 민주주의를 수행해야 한다고 생각한다.

반면, 우파는 개인의 자유를 최우선의 가치로 생각하면서 자신의 운명은 자신의 책임하에 스스로 가꾸고 성장하는 것이 가장 행복한 길이라는 이데올로기를 가진 사람들이다. 따라서 국가는 개인이 할 수 없는 경찰 및 국방 같은 최소한의 임무를 맡아야 한다고하고, 이를 위한 정치 시스템은 1인 1표의 주권을 행사하여 대표를선발하고 이들 대표가 국민의 여론을 기반으로 정치를 수행하는 대의 민주주의로 충분하다고 주장한다.

좌파 사회주의는 정치적·경제적·사회적·문화적 환경의 변화에따라 변화를 거듭했다. 1917년 러시아혁명 이후 러시아는 소비에트사회민주주의하에 국가 주도로 모든 자원을 국유화하여 경제적 평등을 이룩하고자 하였다. 이에 위협을 느낀 유럽 국가들은 우파 자유주의를 유지한 채 좌파 사회주의를 받아들이기 시작했다. 국가가사회적 약자인 노동자 편에서 노동법 등 제도를 개선하였고, 모든국민의 기본적인 삶의 질을 개선하기 위해 사회적 안전망을 확충함으로써 복지국가를 건설하고자 노력했다. 이에 따라 유럽의 좌파는사회민주주의를 기본 이념으로 하는 정당을 창당하였다. 영국의 노동당, 프랑스의 사회당, 독일의 사회민주당과 기독교사회당, 이탈리아의 사회당 등이 그것이다.

좌파와 우파의 구분

구분	좌파	우파
개인의 가치	평등	자유
책임	사회/제도의 책임	개인의 책임
경제정책	분배	성장
국가 역할	강한 국가	최소한의 국가
시스템	참여 민주주의	대의 민주주의
노동	노동자 우선	기업 우선
환경	보호	개발
인종	다문화, 문화상대주의	문화, 자국민 보호

좌파는 사회주의 외에도 경제적 평등을 위해 공동소유, 공동생산을 주창하는 공산주의, 환경보호를 내건 생태주의 및 녹색주의, 다른 국가의 침략을 반대하는 반제국주의, 인류의 보편적 평등을 내건 반인종주의 등으로 발전했다. 즉 노동에 있어서는 노동자 우선, 환경적으로는 보호주의, 인종적으로는 문화상대주의를 주장하는 사상을 좌파로 분류한다. 또한 1989년의 동유럽국가의 몰락과 1990년 소련의 해체로 인해 사회주의는 현실 적합성이 없는 이념으로 판명되었다. 하지만 아직도 개인의 재산권을 인정하면서도 정치적으로 사회주의를 계속 실행하고 있다고 하는 중국, 베트남 등과 같은 국가가 있으며, 마르크스의 사회주의와는 거리가 있지만 북한은

경제적으로 사회주의를 지속하고 있다.

이로써 좌파는 진보주의, 우파는 보수주의라는 공식이 깨졌다. 좌파와 우파 이데올로기는 평등을 우선으로 하는가, 개인의 자유를 우선으로 하는가의 구분이다. 반면, 진보주의와 보수주의는 사회의 변화를 추구하는가, 사회의 안정을 추구하는가에 따른 구분이다. 진보주의는 사전적으로 혁명이라고 할 만큼 근본적인 변화를 추구한다는 의미로 기존의 사회 질서에 반발하면서 인류 역사의 발전을 위해서는 급격한 사회 질서의 변화가 필요하다는 생각을 가진 사상을 말한다. 반면, 보수주의는 옛것을 옹호한다는 의미로 상대적으로 기존의 사회 질서를 유지하면서 안정적인 변화를 추구하는 것이 인류 역사의 발전에 도움이 된다는 입장을 가진 사상이다. 따라서 좌파는 진보적이고, 우파는 보수적인 경향을 보이는 경우가 있기는 하다. 그러나 좌파가 집권 이후 보수적으로 변하기도 하고, 우파가 진보적인 정책을 추진하기도 한다.

이러한 차원에서 본 연구는 좌파를 마르크스가 주장한 사회주의 이데올로기에 따라 평등을 우선시하는 정치 이데올로기로, 우파를 자유주의 이데올로기에 따라 자유를 우선시하는 이데올로기로 정의하면서 대한민국 좌파에 대해 논의할 것이다.

제2장 정통 마르크스 좌파의 본질

1. 마르크스의 기본 철학

마르크스는 루소, 헤겔, 포이에르바하 등의 철학의 일부를 비판적으로 받아들이는 동시에, 자본주의에 대한 비판을 추가하여 사회주의 철학을 정립했다. 루소로부터는 사회가 발달하면서 불평등이 점점 심해졌다는 인간 불평등의 기원을 일부 수용하면서, 루소가 제안한 자연으로 돌아가는 것만으로는 충분하지 않고, 자본주의 체제를 혁파하고 사회주의를 건립하여야 실질적인 평등을 이룩할 수 있다고 주장했다. 헤겔로부터는 변증법의 논리를 받아들이지만, 헤겔의 유심론적 변증법을 비판하고 유물론적 변증법 체계를 정립했다. 포이에르바하의 유물론을 편협한 유물론이라고 비판하면서, 물질의 사회적 변화 과정을 계급투쟁의 관점에서 바라보며 변증법적 유물사관을 정립하였다. 그는 이들 외에도 과거의 철학을 비판적으로 받아들이면서 왜 자본주의 체제가 폐지되어야 하고 사회주의 체제가 수립되어야 하는지를 제시했다.

루소^{Rousseau}의 인간 불평등의 기원에 대한 비판

　사람은 자연 상태에서 자신의 운명을 스스로 자유롭게 결정할 수 있는 본성을 가지고 태어났다고 루소는 선언했다. 사람도 동물과 같이 자연 상태에서 본능에 의해 인도되며, 자유롭게 행동하고, 독립적이며, 쉽게 만족한다는 것이다. 자연 상태에서 사람은 서로 경쟁하지 않고, 쉽게 만족하며, 질투심과 허영심도 없고, 다른 사람들을 지배할 욕심도 없다고 하였다. 굶주림이란 기본적 욕구가 충족되면, 더 이상의 어떤 욕심도 내지 않는 것이 사람의 본성이라는 것이다. 따라서 자연 상태의 인간은 자유롭고, 독립적이며, 완전한 행복을 누리는 존재였다는 것이다. 선하지도 악하지도 않으며, 도덕적이지도 사악하지도 않은, 도덕성으로 판단하기 이전의 순수한 존재라는 것이다.

　동시에 루소는 사람이 이성을 소유하고 태어났다고 하였다. 이성을 통해 자신의 능력을 개발할 수 있는 존재이기도 하다는 것이다. 이성을 소유한 인간이 자연 상태로부터 자신에게 보다 유리한 상황을 만들어감으로써 사회를 변화시켰다고 한다. 대부분의 경우 자연 상태에 만족했지만, 행복을 계속 유지 및 발전시키기 위해 이성을 발휘하여 지식을 쌓았다는 것이다. 인간은 가끔 발생하는 자연재해에 굶주림에서 벗어나고 삶을 존속시키기 위한 대응 방안을 고안하였고, 인구의 증가에 따라 식량을 증진시키는 방안 등을 개발했다고 한다.

루소는 이러한 인간 이성의 발전으로 인해 더 큰 문제에 직면하게 되었다고 설명한다. 인간이 원시적인 자연 상태로부터 이성을 개발하여 새로운 지식을 축적하고 문명을 발전시킨 대가로 자연 상태에서 살아가는 방법을 잊어버린 것이다. 예를 들어, 옷과 신발을 개발하여 추운 겨울날에도 따뜻하게 살게 됐지만, 그 대신 원시시대와 같이 옷과 신발 없이 겨울날을 이겨내는 생존 능력을 잊어버렸다는 것이다. 식량을 증산하고, 옷을 개발하고, 주거를 안정시키는 등 문명을 발전시켰지만, 동시에 원시적인 자연 상태에서의 자유와 행복을 상실했다는 것이다.

더욱이 인간 이성의 발전을 통해 이룩한 물질문명으로 보다 많은 물질과 재산이 주어지기는 했지만, 사회구성원 모두는 재산을 축적하기 위해 끝없는 경쟁을 해야 하고, 서로 시기하고 질투하는 전쟁상태를 맞게 되었다는 것이다. 굶주림만 충족되면 쉽게 만족하던 사람들이 자신이 사용하지도 않을 재산을 끝없이 축적하려는 허영심에 사로잡혀 있다는 것이다. 인간은 재산을 축적하면 할수록 더 큰 욕망이 발생하여 더 많은 재산을 모으려고 한다. 따라서 사람들은 더 경쟁하고, 경쟁에서 승리하기 위해 노동을 분화시켜 생산력을 증진한다. 이렇게 노동의 분화를 심화시킴으로써 다른 측면에서는 사회관계가 복잡해지고, 복잡한 사회관계는 지배와 피지배 관계를 심화시킨다. 사회관계의 복잡화로 인해 절대다수는 결국 의존적인 존재로 추락하며, 동시에 물질적 불평등이 심화됐다는 것이다.

한마디로 인간의 불평등은 자연 상태에서 벗어나 이성을 발전시키면서 발생하였고, 이성이 발전될수록 심화되었다는 것이다. 각종 정치·경제·사회적 제도의 발전으로 인해 물질적으로 풍요로워졌지만, 인간 불평등 역시 점차 커졌다는 것이다.

따라서 루소는 "자연으로 돌아가자"고 외쳤다. 그러나 현대 인간이 원시시대의 자연으로 돌아갈 수는 없다. 현대 인간은 자연 상태에서 살아갈 능력을 이미 잃어버렸기 때문이다. 그렇다고 포기할 수는 없다. 따라서 루소는 현대 인간에게 적합한 제도를 제안한다. 루소는 우선 인간 불평등을 조장하는 국가 시스템의 근본적인 개혁을 제안한다. 그리고 자연 상태에서 인간이 보유하고 있던 자유와 평등을 회복할 수 있는 정치 시스템을 제안했다. 루소는 모든 인간의 자유와 평등, 행복을 위해서는 사회의 모든 구성원이 자신의 위치와 나아갈 방향을 이해하고 스스로 자신의 운명을 결정지을 수 있는 정치적 자유가 보장되어야 한다고 강조한다. 따라서 구성원의 절대다수가 참여할 수 없는 거대 국가의 왕정체제 및 대의 민주주의를 거부한다. 그리고 모든 구성원이 공동체의 의사결정을 이해하고, 의사결정과정에 적극적으로 참여할 수 있는 작은 규모의 지역 공동체의 설립을 주장한다.

마르크스는 이러한 루소의 이론을 일부 수용하면서 정치적 자유에 초점을 둔 루소의 의견에 대해서 편협한 시각을 가지고 있다고 비판한다. 마르크스는 인간 불평등의 기원, 즉 인간은 자유롭게 태어났으며, 인간의 이성에 의한 제도의 발전으로 인해 불평등이 심화되었다는 루소의 이론을 받아들인다. 그러나 작은 규모의 지역사회 중심으로 인간의 정치적 자유를 회복하자는 루소의 견해에 대해서는 단지 일부만을 보고 있다고 강하게 비판한다. 루소는 정치적으로 자유가 주어지면 경제적 문제가 해결될 것으로 보지만, 실제로 인간이 완전한 자유, 즉 완전한 해방을 이루기 위해서는 정치적 자유와 평등뿐만 아니라 경제적 자유와 평등이 이루어져야 정치적·경제적 자유와 평등을 달성할 수 있다고 주장한다. 따라서 작은 규모의 공동체를 구성하여 구성원의 정치적 참여를 증진하는데 그칠 것이 아니라, 국가 또는 그 이상의 전세계적 차원의 제도를 혁명적으로 개혁하여 인간의 정치적·경제적 자유와 평등을 이룩해 갈 것을 주장했다.

헤겔^{Hegle}의 유심론적 변증법에 대한 비판

헤겔은 개인과 사회를 구분하면서 자유주의^{liberalism}의 문제점을 지적했다. 헤겔에 따르면 개인은 주관성^{subjectivity}에 의해 행동하고, 사회는 객관성^{objectivity}에 기초해 의지를 표현한다고 한다. 주관성은 개인적 삶의 차원이다. 주관성이란 개인이 자신의 욕망과 이익을 극대화하는 것을 말한다. 개인이 혼자 살 때는 자신의 이익을 극대화하더라도 다른 사람과 충돌이 발생하지 않기 때문에 주관적인 자유의지를 실현하는 데 아무런 문제가 발생하지 않는다.

그러나 다른 사람들과의 관계가 발생하는 사회 내에서는 개인이 자신의 이익과 욕망을 극대화하는 주관적 행동을 하게 되면 필연적으로 다른 사람들과 갈등이 발생한다. 따라서 다른 사람들과의 관계 속에서 함께 살아가기 위해서는 모두가 공유할 수 있는 객관적인 삶이 필요하다. 이렇게 다른 사람과 함께 하는 사회를 헤겔은 시민사회로 지칭했다. 따라서 갈등이 발생했을 때 갈등을 해결하기 위하여 인간은 객관적 이성을 발휘한다는 것이 헤겔의 생각이다.

이런 차원에서 헤겔은 사회 내에서 개인의 이익 극대화를 전제하는 자유주의의 한계를 지적하고 개인 중심에서 전체 시민사회 중심으로 나아가야 한다고 주장했다. 인간은 개인으로 존재할 때는 개인적인 이성의 판단에 의해 주관적 행위를 하지만, 사회 내에서는 사회적 이성의 판단에 의해 자신의 이익과 욕망을 절제하고 다른 사람들과 함께 하는 객관적 행동을 한다는 것이다. 사람이 개인으로 존재할 때는 주관적인 이익만을 고려하지만, 사람이 사회 내에 존재할 때 주관성과 객관성 모두를 고려하여 사회 전체의 이익에 합치된다는 것이다. 사회 내에서 인간이 자신의 이익과 욕망을 절제하는 것은 법에 의해 자유가 제한되었기 때문이 아니라, 객관적인 상태에서는 객관적인 의지를 통해 스스로 절제하는 자유의지의 발현이라는 것이다. 헤겔은 인간의 역사가 이렇게 주관적 이성이 객관적 이성으로 발전되는, 보다 이성적인 세계로 변증법적 과정을 통해 발전한다고 하였다.

헤겔은 이러한 인간 이성의 발전을 무시한 자유주의는 사회관계에서 확립된 법과 제도의 기초를 위협하는 것이라고 하였다. 개인의 권리는 개인이 주관적 이성에 의해 무한정 누릴 수 있는 것이 아니라, 객관적 이성의 발달에 의해 확립된 시민사회 속에서 부여된 권리를 누리는 것이기 때문이다. 이러한 논리에 따르면, 무절제한 권리의식을 주장하면서 법질서를 위반하는 개인은 객관적 이성을 거부한 것으로 사회적으로 인정받을 수 없을 뿐만 아니라, 자신의 주관적 이성 자체까지 거부한 것으로 볼 수 있다는 것이다. 따라서 인간의 이성이 정-반-합 과정을 통해 변증법적으로 발전하면서 개인 위주의 삶에서 객관적인 공동체 사회로 발전한다는 것이다.

마르크스는 이러한 헤겔의 변증법 중에서 인간은 결국 개인 위주의 자유보다 공동체 중심의 사회의 일원으로 존재할 때 보다 행복하다는 시민사회 공동체주의를 받아들인다. 또한 사회가 정-반-합 과정을 통해 발전한다는 변증법을 수용한다. 그러나 마르크스는 인간의 이성이 변증법적 과정을 통해 인간의 역사발전으로 나타난다는 것은 강하게 비판한다. 즉 인간의 역사는 이성의 발전을 통해 변화하는 것이 아니라 유물론, 즉 생산수단과 생산관계의 변화라는 경제적 생산양식이 역사를 주도한다는 것이다. 이것이 마르크스의 변증법적 유물론Dialectic Materialism이다.

포이에르바하Feuerbach의 유물론에 대한 비판

마르크스는 포이에르바하의 유물론도 일부는 받아들이고, 일부는 비판하면서 자신의 이론을 정립했다. 포이에르바하는 무신론Atheism적 입장을 밝히면서 인간의 일상적인 삶과 역사의 본질은 정신이 아닌 물질이라는 점을 주장했다. 즉 인간의 의지에 의해 인간의 삶이 결정되는 것이 아니라 물질에 의해 인간의 삶과 행복이 결정된다는 것이다.

그러나 마르크스는 포이에르바하의 유물론을 편협한 유물론 One-Sided Materialism이라고 비판하였다. 그는 포이에르바하의 유물론과 헤겔의 변증법을 통합하여 변증법적 유물론을 발전시켰다. 그는 철학은 세계를 해석하는 데 그칠 것이 아니라 세상을 변화시켜야 한다고 주장했다. 즉 물질주의가 의미를 갖기 위해서는 단순히 인간의 삶의 본질이 물질이라는 점이라는 점을 바라보는 데만 그칠 것이 아니라 실질적으로 인간 삶을 변화시키기 위해 노력해야 한다는 것이다. 즉 물질주의를 통해 인간의 사회적 관계와 역사적 과정을 살펴보아야 할 뿐만 아니라, 인간의 역사가 물질을 중심으로 한 계급투쟁에 의해 정正, These, 반反, Anti-These, 합合, Syn-These의 과정을 통해 진화되는 바와 같이 물질이 다수 대중을 위해 쓰일 수 있도록 공산주의 혁명을 완수해야 하는 것까지 볼 수 있어야 한다는 것이다.

자본주의에 대한 비판

마르크스는 앞에서 제시한 바와 같이 원시사회에서 인간은 자유롭게 태어나, 완전한 자유와 평등, 만족을 누리며 살았다고 루소의 이론을 수용했다. 모든 사람은 다른 사람으로부터 일절 간섭 또는 구속이 없었으며, 사회구성원 모두 평등하게 공동으로 생산하고, 생산물을 공동으로 소비했다는 것이다. 여기에서 말하는 평등은 물질적 평등뿐만 아니라 정치적 평등까지 포함한다. 즉, 수렵과 채취를 통해 공동으로 취득한 모든 생산물은 공동체 공동의 소유였고 공동의 소유물은 구성원 모두에게 평등하게 배분, 소비되었으며, 공동체 구성원 모두는 공동체 의사결정에 참여하여 자신과 공동체의 운명을 결정했다는 것이다. 물질이 개인의 소유가 아니라 공동의 소유였기에 물질 소유에 대한 욕심이 없었고, 그에 따라 구성원 간의 경쟁 및 다툼도 없었다. 물질 소유에 대한 욕심이 없으니 쉽게 만족하고 행복하게 살았다는 것이다.

하지만 인간은 물질적으로 더 풍요로운 생활을 위해 생산성을 증가시키는 방향으로 이성을 발전시켰고, 이 결과 한 사람이 생산한 생산물이 소비량보다 많은 잉여생산물이 발생하기에 이른다. 이 잉여생산물을 처리하는 과정에서 인간은 잉여생산물을 차지하는 지배자와 빼앗기는 피지배자로 구분되어, 결국 지배자와 피지배자란 계급이 발생하고 원시사회의 평등, 공동소유와 공동생산, 공동소비의 미덕이 깨지게 되었다. 이후 물질적 풍요를 위해 인간은 생산력을 더욱 발전시켰고, 그 결과는 지배자와 피지배자 간의 계급 갈등 및 불평등이 점점 더 심화되었다는 것이다. 즉 인간 이성의 발전에 따라 물질 생산력이 증가된 자본주의에서는 외면적으로 물질적 풍요를 이루기는 했지만, 물질적 풍요는 지배자인 자본가가 독식하고, 피지배자인 프롤레타리아는 소외되고, 사회 전체의 불평등이 증가했다는 것이다.

마르크스는 자본주의가 물질 생산력을 최고로 증가시키기도 했지만, 동시에 불평등과 갈등을 증폭시켰다고 주장한다. 따라서 자본주의 발전에 따른 물질적 생산의 증대라는 양적 확대는 인간의 삶을 황폐화한 악의 축이라고 규정하며 전면 폐지해야 한다고 했다. 즉 인간의 삶을 회복하기 위해서는 양적 확대를 인간의 물질적 평등을 이루는 질적 변화, 즉 사회주의의 완수가 필요하다고 주장한다.

따라서 마르크스는 사회주의에 입각한 국가와 사회 이외의 모든 자본주의 체제, 국가와 정부, 사회제도는 폐지되어야 한다고 주장했다. 사회주의 이전에 존재했던 자본주의 체제, 국가와 사회, 정부, 종교 등 모든 시스템은 인간의 이성 발전에 따라 점점 더 인간의 자유를 억압하고 인간 소외를 구조화함으로써 인간의 삶을 황폐화했기 때문이다.

마르크스는 자본주의 체제하에서 대중들이 ① 노동행위의 결과로부터 ② 노동행위로부터 ③ 다른 사람으로부터 ④ 자신으로부터 소외된다고 주장했다. 첫째, 노동행위의 결과로부터의 소외는 노동자가 수행한 노동의 결과, 즉 노동자가 직접 생산한 생산물이 노동자의 소유가 아니라 자본가의 소유가 된다는 것을 의미한다. 분명히 자신이 만든 물건임에도 불구하고 자신의 것이 아니라 생산과 직접 관련이 없는 자본가의 것이 된다는 것을 말한다. 둘째, 노동행위로부터의 소외는 노동자의 의지에 의해 노동행위를 수행할 것인지, 말 것인지를 결정할 수 없게 되는 것을 의미한다. 노동자는 급여를 받고 자신의 노동력을 자본가에게 팔아넘겼기 때문에 자신이 원하지 않더라도 노동행위를 할 수밖에 없다는 것을 말한다. 셋째, 다른 사람으로부터의 소외는 자신이 생산한 생산물로부터 소외되고, 자신의 노동행위로부터 소외당한 노동자, 즉 아무 권한이 없는 노동자가 결국 다른 사람으로부터도 인정받지 못하는 것을 의미한다. 자신이 만든 생산물에 대해 어떤 권한도 없고, 자신의 노동행위에 대한 권한도 없는 노동자를 그 누구도 인정하지 않는다는 것을 말한다. 넷째, 자신으로부터의 소외는 자신이 생산한 생산물, 자신의 노동행위로부터 인정받지 못하고, 다른 사람으로부터도 인정받지 못하는 노동자는 끝내 자기 자신으로부터 소외된다는 것을 의미한다. 이렇게 모두에게 소외된 노동자는 아무 권리도 없고, 누구에게도 인정받지 못하는 것이다. 즉 자본주의 체제하에서 노동자는 같은 인간임에도 불구하고 아무런 권한도 없고, 누구로부터도 아닌 자신으로부터도 인정받지 못하며, 자본가에게 예속되어 살아간다는 것이다. 이렇게 소외론은 자본주의 체제하에서 인간의 존엄성을 철저하게 유린당하는 것을 고발한다.

마르크스는 사람들이 특별한 비판 없이 현실 세계와 자본주의적 사회관계를 정당한 것으로 받아들이는 것을 허위의식false consciousness이라고 비판한다. 그는 허위의식으로 인해 자본주의 체제를 유지하고 공고하게 하는 빈익빈, 부익부의 경쟁적 자본주의 경제구조, 자본가 지배와 노동자 복종의 계급구조, 각종 법과 제도, 정부 및 국가 체제, 자본주의 문화와 관습, 종교 등 제반 구조와 제도, 문화를 정당한 것으로 받아들인다고 주장했다. 이러한 무비판적 허위의식에 의해 자본주의의 모순 속에서도 대중은 자신의 권리를 잊은 채 살아가고 있다는 것이다.

따라서 마르크스는 이러한 허위의식에서 탈피하여 하루빨리 진정한 의식true consciousness을 찾아야 한다고 주장한다. 즉 자본주의적 사회관계라는 모순을 극복하고 인간의 완전한 자유와 평등한 세계를 달성하고자 노력하자는 것이다. 인간은 본래 존엄한 존재로서 자유롭고 평등하게 살 권리가 있고, 실제로 현재 고통받고 있는 다수 대중은 단결하여 자본주의 체제를 폐지하고 누구나 인간의 존엄성을 누리는 사회주의를 실현할 수 있는 실질적 힘이 있다고 한다. 그러니 다수의 노동자와 농민은 허위의식을 버리고 진정한 의식으로 단결하여 자신의 권리를 찾자는 것이다.

2. 마르크스 사회주의의 핵심 이론

마르크스의 세계관은 분명하다. 변증법적 유물론, 계급투쟁론, 프롤레타리아 혁명론, 프롤레타리아 독재론, 인간해방론 등을 주장하면서 자본주의의 문제점을 비판하고 사회주의 건설의 필요성을 주장했다. 변증법적 유물론은 인간 사회가 이성상부구조에 의해 발전하는 것이 아니라 물질관계하부구조, 즉 생산양식Mode of Production에 의해 결정된다는 이론이다. 즉 물질 생산력이 우수한 생산양식이 열등한 생산양식을 대체하면서 인간의 역사가 변화, 발전한다는 것이다. 계급투쟁론은 생산양식이 변증법적으로 변화되는 과정에서 다양한 계급이 발생하고, 계급 간의 투쟁에 따라 지배 이데올로기를 독점하는 지배계급과 이를 따르는 피지배계급이 발생한다는 이론이다. 프롤레타리아 혁명론은 자본주의가 발전하면서 자본주의의 문제점 및 모순이 발생하여 피지배계급인 프롤레타리아가 계급 의식을 찾아 프롤레타리아 혁명이 발생하여 자본주의 체제가 멸망할 것이라는 이론이다. 프롤레타리아 독재론은 프롤레타리아 혁명 이후 사회주의 체제를 완수하는 과정에서 자본주의 체제를 안전히 청산하기 위해서 프롤레타리아의 독재권력이 필요하다는 이론이다. 인간해방론은 모든 사람의 정치적 평등과 경제적 평등을 이룩하여야 완전한 인간해방을 이룰 수 있다는 이론이다.

변증법적 유물론

마르크스는 인간 역사 변화의 근원을 물질, 즉 경제라고 단언했다. 그리고 헤겔의 변증법을 유물론적 관점에서 비판하면서 변증법적 유물론을 체계화하였다. 즉 헤겔은 인간의 역사가 이성에 의해 발전한다고 하였지만, 마르크스는 인간사회가 이성상부구조에 의해 발전하는 것이 아니라 물질관계하부구조, 즉 생산양식Mode of Production에 의해 결정된다고 하였다. 즉 하부구조인 생산양식이 변화됨에 따라 인간의 상부구조인 이성과 사회관계, 그리고 역사가 변화한다는 것이다. 이에 따라 마르크스는 인간 역사의 변화를 가져온 생산양식을 원시적 생산양식, 아시아적 생산양식, 고대적 생산양식, 봉건적 생산양식, 자본주의 생산양식, 사회주의 생산양식으로 명명하였다.

첫째, 원시적 생산양식Primitive Mode of Production은 인간의 육체노동과 단순한 도구를 이용한 노동력과 원시공동체의 공동생산이라는 생산양식에 의해 결정된다. 수렵과 채집 형태의 생산수단을 통해 가족 단위로 생산하던 원시사회에서는 한 사람이 자신의 먹거리를 생산하는 정도의 노동 생산성을 보유하였다. 따라서 사회구성원간에 착취할 물질, 즉 잉여생산물이 없기 때문에 지배의 필요성이 없었고, 따라서 지배와 복종 관계가 형성되지 않고 계급이 존재하지 않았다고 한다. 즉 잉여생산력이 존재할 수 없는 원시적 생산력과 공동소유 및 공동생산의 원시적 생산관계에 의해 원시적 생산양식이 형성되었고, 원시적 생산양식이라는 하부구조에 의해 사회구성원 간 공동으로 분배하고, 계급이 없으며, 지배와 복종 관계도 없는 원시적 사회관계가 정착되었다는 것이다. 즉 원시사회에서는 물질을 공동생산과 공동으로 소유하였기 때문에 사회적으로 지배와 복종이라는 계급이 존재하지 않았고, 인간은 모두 평등했다는 것이다.

둘째, 원시적 생산양식은 아시아적 생산양식Asiatic Mode of Production으로 대체되었다. 원시사회에서 사람들은 생산력을 증대시키기 위해 도구를 발전시키고, 가축의 힘을 이용하였고, 홍수와 가뭄을 예방하기 위해 제방을 쌓고 저수지를 파는 등 새로운 생산수단을 개발하였다. 이로써 생산관계도 변화하여, 이를 결합한 아시아적 생산양식이 정착되었다. 여기에서 원시적 생산양식이 아시아적 생산양식으로 변화될 수밖에 없는 필연적 과정은 두 양식 간의 생산력 차이에 기인한다. 원시적 생산양식은 전체 부족의 생산량이 소비량에 미치지 못하였다. 잉여생산물이 발생하지 않았다. 반면, 아시아적 생산양식은 생산력 증가로 인해 전체 부족민의 생산물의 총량이 소비량을 추월하여 잉여생산물이 발생하였다. 즉 아시아적 생산양식은 원시적 생산양식보다 생산력이 높기 때문에 두 양식 간의 경쟁과 투쟁을 통해 아시아적 생산양식이 지배적 생산양식이 된 것이다. 한편, 잉여생산물의 발생으로 인해 노동을 하지 않고 부족민을 지배함으로써 부를 착취하는 지배계급이 발생하였다. 결국 생산양식의 발전으로 인해 잉여생산물이 발생하고, 그 결과 부족장은 지배하고 부족민은 지배당하는 아시아적 사회관계가 정착되었다는 것이다.

셋째, 인간의 역사는 또다시 아시아적 생산양식에서 고대적 생산양식Ancient Mode of Production 으로 대체되었다. 사람들은 아시아적 생산양식에 머무르지 않고 물질 생산력을 증가시켰고, 이에 따라 생산관계도 변화되었다. 특히 고대적 생산양식은 아시아적 생산양식보다 1인당 생산력이 증가되어 한 사람의 생산량이 1인의 소비를 훨씬 뛰어넘게 됨에 따라 모든 사람이 노동하지 않고 일부만이 노동해도 모두의 삶이 가능해졌다. 즉 노예를 소유한 사람은 노예의 잉여생산물을 착취함으로써 생활이 가능해진 것이다. 이에 따라 열등한 생산양식인 아시아적 생산양식은 폐기되고 보다 우월한 고대적 생산양식이 정착되었다. 한편, 잉여생산물의 발생으로 인해 노동을 하지 않고 노예를 지배함으로써 부를 착취하는 지배계급과 노예라는 피지배계급이 발생하였다. 결국 생산양식의 발전으로 인해 잉여생산물이 발생하고, 그 결과 주인은 지배하고 노예는 지배당하는 고

변증법적 유물사관에 의한 사회변화 단계

1단계 원시적 생산양식(Primitive Mode of Production)

① 생산력 : 인간의 노동력, 기본적 도구 및 소유

② 생산관계 : 공동소유, 공동생산

③ 잉여생산물 : 잉여생산물 없음

④ 분배 : 공동 분배

⑤ 사회관계 : 무계급, 지배와 종속관계 없음

2단계 아시아적 생산양식(Asiatic Mode of Production)

① 생산력 : 도구의 발달, 가축 이용, 제방 및 저수지 구축

② 생산관계 : 부족적 공동생산, 부족단위 협동체제(division of labor)

③ 잉여생산물 : 많지은 않으나 잉여생산물 존재

④ 분배 : 부족장이 잉여생산물 수탈, 부족장을 제외한 부족민의
　　　　공동 분배

⑤ 사회관계 : 부족장과 부족민의 지배와 피지배 관계

3단계 고대적 생산양식(ANCIENT MODE OF PRODUCTION)

① 생산력 : 1인당 생산력 증가

② 생산관계 : 노예를 통한 생산, 소수 엘리트의 노예 및 사유재산
　　　　소유

③ 잉여생산물 : 잉여생산물의 추가 발생

④ 분배 : 사유재산제도의 정착, 노예 소유주의 노예에 대한 착취

⑤ 사회관계 : 주인과 노예의 지배와 피지배 관계

4단계 봉건적 생산양식(Feudal Mode of Production)

① 생산력 : 초보적 수준의 기계 발전, 토지 개발, 수공업 발전

② 생산관계 : 봉건 귀족의 토지 소유, 농노에 의한 생산, 사유재산 소유

③ 잉여생산물 : 생산력 증가에 따른 잉여생산물의 추가 발생

④ 분배 : 사유재산제도의 정착, 봉건 귀족의 농노에 대한 착취

⑤ 사회관계 : 봉건 귀족과 농노의 지배와 피지배 관계

5단계 자본주의 생산양식(Bourgeois Mode of Production)

① 생산력 : 과학의 발전, 기계의 발달, 분업의 발전

② 생산관계 : 대규모 조직, 대량생산체제, 자본가와 노동자 관계, 사유재산 소유

③ 잉여생산물 : 잉여생산물의 급증

④ 분배 : 사유재산제도의 정착, 자본가의 노동자에 대한 착취

⑤ 사회관계 : 자본가와 노동자의 지배와 피지배 관계

6단계 사회주의 생산양식(Socialist Mode of Production)

① 생산력 : 자본주의 생산력과 동일

② 생산관계 : 공동생산, 공동소유

③ 잉여생산물 : 잉여생산물의 착취 폐지

④ 분배 : 사유재산제도 폐지, 공동분배

⑤ 사회관계 : 사회주의적 평등 관계

대적 사회관계가 정착되었다는 것이다.

넷째, 생산력이 발전함에 따라 또다시 고대적 생산양식은 봉건적 생산양식Feudal Mode of Production으로 대체되었다. 사람들은 고대적 생산양식에서 더욱 물질 생산력을 증가시켰고 잉여생산물은 더욱 많아졌으며, 이에 따른 새로운 생산관계가 형성되었다. 즉 봉건적 생산양식은 고대적 생산양식의 물질 생산성보다 높기 때문에 두 양식의 투쟁 결과 봉건적 생산양식이 지배적 생산양식으로 정착되었다. 이에 따라 지배와 피지배의 관계 역시 봉건적 생산양식에 맞게 변화되었다. 즉 노동하는 농노 계급과 노동은 하지 않고 농노를 착취하는 봉건영주 계급이 형성되어 지배와 피지배 관계를 정착했다.

다섯째, 인간의 생산력이 더욱 발전됨에 따라 봉건적 생산양식은 자본주의 생산양식Bourgeois Mode of Production으로 대체되었다. 사람들은 생산력을 증가시키기 위해 기계를 발전시키고, 대규모 조직을 통해 분업 체제를 작동시키는 등 새로운 생산수단을 개발하였다. 이로 인해 생산관계도 변화하여, 자본주의 생산양식이 정착되었다. 자본주의 생산양식은 봉건적 생산양식에 비해 생산력이 비교되지 않을 만큼 높았기에 봉건적 생산양식은 자본주의 생산양식과 투쟁할 만한 비교 대상이 되지 못했다. 자본주의 생산양식은 생산력이 엄청나게 높았기에 잉여생산물이 크게 발생하였고, 이에 따라 지배계급인 자본가가 피지배계급인 노동자에 대한 착취가 엄청나게 이루어졌고, 그 결과 빈부격차도 크게 벌어졌다. 자본가와 노동자 간의 빈부격차가 큰 만큼 자본가와 노동자 간의 갈등 역시 극심하게 나타났다.

이런 방식으로 원시적 생산양식에서 자본주의 생산양식까지는 인간의 물질 생산력의 변화에 따라 새로운 생산양식이 나타났고, 새로운 생산양식은 과거의 생산양식과의 투쟁에서 승리하여 지배적 생산양식으로 정착되었다. 이렇게 발전한 생산양식이 인간의 새로운 사회경제적 관계를 형성해가며 사회가 변화되었다. 즉 마르크스는 물질 생산력의 증가에 따라 생산양식이 원시적 생산양식, 아시아적 생산양식, 고대적 생산양식, 봉건적 생산양식, 자본주의 생산양식 등의 순서대로 사회가 변화되었다고 주장한다. 따라서 자본주의 생산양식은 생산력이 가장 높음에 따라 양적으로는 더 이상 쉽게 변화되기 어려운 생산양식이라고 하였다.

여섯째, 마르크스는 가장 물질 생산력이 높은 자본주의 생산양식은 자체 모순에 의해 붕괴되고 사회주의 생산양식에 의해 대체될 것이라고 하였다. 그는 사회주의 생산양식으로의 변화는 역사의 필연적 결과라고 하면서, 사회주의 생산양식이 현존 자본주의 생산양식의 우월성인 물적 생산성을 극복할 수 있다고 주장했다. 즉 생산력이 높은 생산양식이 열등한 생산양식을 대체하는 생산양식 간의 양적 투쟁에서 질적 투쟁으로 전환된다는 것이다. 자본주의가 발달하면 할수록 다수 노동자가 자본주의의 근본적 문제에 의해 자신의 권리를 빼앗겼고 자신이 소외되었다는 진정한 주인의식을 되찾는 순간 자본주의의 모순이 드러나 자본주의 생산양식으로부터 사회주의 생산양식으로 변화라는 질적 변화가 이루어진다는 것이다.

자본주의는 전체 물질 생산력은 높지만 엄청난 잉여생산물을 지배계층인 소수의 자본가가 독점하고, 다수의 노동자는 궁핍한 생활을 영위하는 극단적인 부의 불균형에 의해 소수 자본가와 다수 노동자 간의 갈등이 극대화되는 자체 모순이 발생한다는 것이다. 자본주의는 발전할수록 구조적 모순이 극심해지다가 결국 자체 붕괴할 것이라고 했다. 역사는 계급투쟁의 결과로 승리한 계급이 지배 이데올로기를 독점하게 되는데, 자본주의가 발전하면 할수록 자본가 계급의 수는 점점 더 적어진다. 이에 반해 계급투쟁에서 밀려난 노동자계급의 수는 점점 더 많아지고, 빈익빈 부익부 현상이 극단적으로 커지면서 자본가와 노동자 계급 간의 갈등이 더 커진다는 것이다. 마르크스는 자본주의 심화의 결과로 극소수 자본가의 부의 독점 및 절대다수 노동자의 절대빈곤 상태라는 모순은 결코 오래갈 수 없다고 보았다. 결국, 역사적으로 자본주의 생산양식까지는 물질 생산력의 증가라는 양적 변화에 의해 발전해 왔지만, 극심한 물질 생산력 증가의 모순을 계기로 필연적으로 자본주의 생산양식에서 사회주의 생산양식으로의 질적 변화를 맞이하게 된다고 하였다.

계급투쟁론

마르크스는 인간을 생물종으로서의 존재species-being로 정의한다. 인간 역시 동물과 같이 하나의 종species으로서 자신의 본성을 유지하고 발전시킨다는 것이다. 모든 동물은 단독으로는 자신의 본성을 유지하고 발전시킬 수 없고, 해당 종에 속하는 다른 동물들과 함께하는 사회관계 속에서 존재한다. 인간 역시 하나의 생물종으로 혼자서는 인간의 본성을 유지, 발전시킬 수 없을 뿐만 아니라 자신의 생존 역시 유지할 수 없다. 사람을 포함한 모든 생물종은 특정한 사회관계 및 역사성에 의해 삶의 특성과 방법이 결정된다는 것이다. 인간은 단독으로 생존할 수 없는 사회적 동물이라는 의미이다. 마르크스의 생각을 보다 명확하게 표현하면, 인간의 모든 행동과 결과는 사회적인 산물로 인간세계에 존재하는 모든 부와 권력, 명예 등 개인의 소유로 보이는 것조차 모두 개인 노력의 결과가 아니라 사회관계의 결과라는 것이다.

　마르크스는 물질구조 및 관계 등의 하부구조가 인간의 의식을 비롯한 제반 사회구조 및 관계 등의 상부구조를 결정한다는 것을 설명하기 위해 생산양식Mode of Production이란 용어를 사용했다. 이 생산양식은 물질을 생산하는 생산력Forces of Production과, 물질의 관계인 생산 관계Relations of Production의 조합에 의해 결정된다. 여기에서 생산력은 ① 노동력, 각종 도구, 기계 등을 말하는 생산수단 ② 기술, 협력방식, 노동의 분화 등의 작업방법 ③ 응용과학 등을 말하고, 생산관계는 ① 생산수단의 배분 ② 사유재산과 공유재산 등 재산 소유 형태 ③ 생산물의 분배 방법 등을 의미한다.

　마르크스는 생산관계에 의해 그 시대의 계급이 정착되었다고 설명한다. 즉 생산수단의 배분에 따라, 소유 형태에 따라, 생산물의 분배에 따라 이들을 소유하고 분배의 주도권을 잡는 계급과 주도권을 빼앗긴 계급으로 구분된다. 잉여생산물이 발생하지 않았던 원시사회에서는 잉여생산물을 착취하는 지배계급도 없고 잉여생산물을 착취당하는 피지배계급이 없지만, 물질 생산력이 증가하여 잉여생산물이 발생하기 시작하면서 잉여생산물을 착취하는 지배계급과 착취당하는 피지배계급이 나타났다.

　한 사회의 경제구조인 생산양식은 그 사회 인간의 의식구조를 결

마르크스의 생산양식mode of production과 계급투쟁

- 생산력은 생산수단각종 도구, 기계 등, 작업방법기술, 협력방식, 노동의 분화 등, 응용과학 등을 포함한다.
- 생산관계는 생산수단의 배분, 소유형태사유재산, 공유재산, 생산의 분배 등 사회관계를 나타낸다.
- 생산양식은 생산력과 생산관계가 결합되어 나타난 사회의 경제구

조를 지칭한다.

- 계급은 생산관계 내에서 나타난 물질적 부와 직업을 공유하는 개인이 모인 계층적 배치를 지칭한다.
- 계급투쟁은 사회의 경제구조 내에서 각 계급 간 경쟁을 통해 우세한 지배 이데올로기가 탄생하는 과정을 의미한다.
- 사회의식구조는 사회의 경제구조에 따라 사회구성원들이 받아들이는 인식을 의미한다.
- 국가, 정부, 법, 제도 등의 상부구조는 계급투쟁의 결과로 결정된 지배 이데올로기와 이 이데올로기에 의해 형성된 사회 의식구조에 의해 수립된다.

정한다. 그 사회의 사람들 모두가 그 사회 생산양식에 의해 결정된 것을 당연하게 받아들인다는 것이다. 한편, 그 사회생산양식은 지배계급과 피지배계급 간의 계급투쟁을 결정짓고, 지배 이데올로기를 확립한다. 이렇게 결정된 지배 이데올로기는 확립된 사회의식구조와 혼합되어 국가, 정부, 법, 제도 등 정치, 사회, 경제적 제반 관계뿐 아니라 인간의 의식 및 이성, 도덕성 등 제반 상부구조를 결정한다.

결국, 그 시대 사람들 모두가 당연하게 받아들이는 것들은 모두 물질 생산양식에 의해 발생한 계급투쟁의 결과와 지배자에 의해 결정된 이데올로기에 따른 것이지 본래부터 그래야 하는 것이 아니라는 것이다. 즉 자본주의에서 당연하게 여기는 부와 권력의 소유 여부, 자본가와 노동자 간의 관계는 인간이 본래 받아들여야 하는 것이 아니라 계급투쟁의 결과라는 것이다. 오히려 인간은 사회적 동물이기에 모든 생산물이 공동 노력의 결과로서 공동 분배되어야 한다. 그런데도 자본주의 생산양식은 계급투쟁의 결과 자본가의 독점 이데올로기에 의해 물질을 마치 개인의 노력에 의해 생산된 것으로 착각하는 허위의식에 사로잡혀 결과물을 사유화함으로써 절대다수의 노동자를 소외시키게 되었다는 것이다. 이 같은 마르크스의 계급투쟁론은 자본주의 생산양식이 아니라 사회주의 생산양식에 의해 노동자가 자본가에게 계급투쟁에서 승리하게 되면 부와 권력의 분배를 새로운 방식, 즉 공동소유와 공동분배로 얼마든지 바꿀 수 있다는 것을 의미한다.

프롤레타리아 혁명론

마르크스는 노동자를 포함한 무산자, 즉 프롤레타리아가 자신의 권리를 되찾기 위해서는 프롤레타리아 혁명이 필수적이라고 주장했다. 하지만 프롤레타리아 혁명은 일어나기가 쉽지 않다고도 하였다. 자본주의 체제하에서 국가와 정부, 각종 법과 제도, 관습, 역사, 종교 등 모든 상부구조는 소수 자본가가 다수 프롤레타리아를 착취하는 것을 정당화하고 있으며, 착취당하고 있는 다수 프롤레타리아마저도 자본주의의 정당성을 인정하는 허위의식에 빠져있기 때문이다. 일례로, 마르크스는 자본주의 체제의 종교를 아편과 같다고 비판했다. 종교는 아편과 같이 프롤레타리아가 겪고 있는 고통을 순간적으로 치유할 뿐만 아니라 가짜 행복을 제공하고, 진정한 자유와 행복을 위한 프롤레타리아 혁명을 방해한다는 것이다. 자본주의 체제의 역사 역시 자본주의의 정당성을 인정하는 방향으로 기술되어 다수 프롤레타리아의 권리를 배제하고 있다는 것이다.

그러나 자본주의 생산양식은 마르크스도 인정한 바와 같이 생산력이 높다는 장점에 의해 다른 생산양식보다 경쟁력이 뛰어나기에 대체하기가 쉽지 않다. 자본주의 생산양식은 생산성의 발전이라는 역사 과정을 통해 공고히 확립되었기 때문이다. 자본주의 생산양식은 기계화와 노동의 분화, 자본 중심의 생산, 사유재산, 개발과 착취 등의 생산수단과 생산관계를 통해 이루어졌다. 자본주의는 인간이 이기주의적인 존재로 원자화 되어 사적 이익을 추구하고, 다른 사람들과의 경쟁에서 승리해야 존속할 수 있는 체제로 지속적으로 양적 확대가 이루어졌기 때문에 생산성 측면에서는 매우 우수하다.

따라서 마르크스는 자본주의 생산양식의 양적 우수성을 사회주의 생산양식의 질적 우수성, 즉 분배를 통한 인간의 존엄성 회복으로 인위적으로 전환해야 할 필요가 있다고 주장한다. 자본주의는 물질 생산력에 있어서는 가장 우수하다는 장점이 있지만, 소수가 부를 독점하고 다수 프롤레타리아는 소외되는 치명적 약점이 있다. 인간은 본래 사회적 존재로서 모든 생산물은 전체 구성원의 공동 노력에 의해 생산된 것이나, 자본주의에서는 소수 자본가가 부를 독점하고 다수 프롤레타리아는 자신이 생산한 생산물로부터 소외되는 구조적 모순이 발생한다. 소외는 인간의 자유와 존엄성이 상실되었음을 의미한다. 이러한 자본주의의 모순이 사회주의로의 전환을 앞당길 것이라고 주장했다.

절대다수인 프롤레타리아가 자본주의의 모순을 인식하고 자신이 생산한 물질을 돌려받겠다는 주인의식을 회복하여 소수 자본가를 끌어내리는 프롤레타리아 혁명으로 공동생산, 공동소유를 기반으로 하는 사회주의 생산양식을 구축할 필요가 있다는 것이다. 이것이 바로 마르크스가 주장하는 프롤레타리아 혁명의 필요성이고, 이 혁명으로 인해 정치, 경제, 사회, 문화, 종교 등 모든 부문에서 프롤레타리아가 주인이 되는 사회주의라는 새로운 세상이 열린다는 것이다.

마르크스는 사회주의 생산양식의 탄생을 위해서는 계급투쟁이 결정적으로 작용할 것으로 보았다. 그는 한 사회의 생산양식이 지배 이데올로기로 변화하는 과정에서 계급 간의 투쟁이 발생하고, 계급투쟁의 결과를 사람들이 받아들임으로써 지배 이데올로기가 정착된다고 보았다. 즉 인간을 구속하고 인간의 존엄성을 극단적으로 훼손하는 자본주의 생산양식과 이를 극복하여 인간해방으로 인도할 사회주의 생산양식 간의 계급투쟁에서 사회주의 생산양식이 승리해야 사회주의 이데올로기에 의한 국가와 정부, 사회를 건설할 수 있다는 것이다. 자본주의 생산양식은 자체 모순에 의해 필연적으로 붕괴하겠지만, 결국은 자본주의 체제하에서 절대다수 노동자에게 공고하게 자리 잡혀 있는 자본주의 이데올로기에서 벗어나야지만 실질적인 사회주의 이데올로기에 의한 국가사회를 건설할 수 있다는 것이다. 즉 자본주의 생산양식에서 사회주의 생산양식으로의 전환은 경제시스템의 변화와 더불어 프롤레타리아 혁명을 통한 자본주의 이데올로기의 허위의식으로부터 사회주의 이데올로기로의 정치적 혁명도 수반되어야 한다는 것이다. 이것이 마르크스가 주장하는 프롤레타리아 혁명의 필요성이고, 이 혁명이 정치, 경제, 사회, 문화, 종교 등 모든 부문에서 동시에 발생할 때 사회주의의 새로운 세상이 열리는 전환점이 된다는 것이다.

프롤레타리아 독재론

마르크스는 "프롤레타리아 혁명에 의해 이룩된 사회에서는 사회 모든 구성원이 자신의 존재를 확인하며, 사회에 참여하고 통제한다"고 말하며 프롤레타리아 독재의 필요성을 제안했다. 프롤레타리아 혁명이 성공하더라도 자본주의 체제가 남아있을 뿐만 아니라 프롤레타리아 계급에서도 자본주의 체제의 허위의식을 완전히 일소시키기 위해서는 시간이 필요하기 때문이다.

마르크스가 주장하는 완전한 인간해방을 위한 공산주의 체제의 실현은 경제적으로 "공동소유와 공동생산"의 완전한 경제적 해방과 "한 사람, 한 표" 등의 형식적인 정치참여를 넘어 "한 사람, 한 시민의 실질적이며 평등한 권리"의 정치적 해방까지 포함한다. 경제적 해방을 위해서는 자본주의 체제의 사유재산 철폐, 노동 분화의 폐지 등을 이행하는 것을 의미하며, 정치적 해방을 위해서는 모든 사회구성원이 직장, 사회, 국가 등 모든 조직에서 자신의 주체적인 의견을 제시하고, 실질적으로 조직의 운명을 함께 결정해야 한다. 즉 모든 조직에서 모든 구성원이 운명의 동반자로서 다른 사람들과 함께 행복을 나눈다는 것을 의미한다.

그러나 프롤레타리아 혁명 이후 인간과 인간 간의 적대관계를 청산하고 공동생산, 공동소유의 공산주의 국가와 사회로의 전환을 이루는 것은 쉽지 않다. 기금까지 역사적으로 발전되어 온 과거의 관행을 깨기가 쉽지 않기 때문이다. 따라서 마르크스는 자본주의 체제에서 공산주의 체제로 이행을 주도하는 세력이 현실적으로 필요하다는 주장을 한 것이다. 즉 먼저 프롤레타리아가 주인임을 인식하고 프롤레타리아 혁명을 이끈 주도 세력이 권력을 잡아 프롤레타리아를 위한 공산주의 체제 확립을 공고히 해야 한다는 것이다.

인간해방론

마르크스는 인간의 역사가 물질 생산력을 추구하는 방향으로 발전됨에 따라 점점 더 인간의 존엄성을 잃어버리고 자유를 억압당해 왔다고 한다. 즉 물질적 풍요만을 추구하다 보니 자본주의 체제가 공고해졌고, 그 결과 인간 간의 경쟁이 치열해지면서 소수의 자본가만이 정치적·경제적 자유를 구가하고, 다수 프롤레타리아는 경제적 수탈과 정치적 예속에 빠지게 되었다고 설명한다.

따라서 마르크스는 다수 프롤레타리아의 진정한 인간해방Human Emancipation이 필요함을 주장했다. 마르크스의 인간해방은 루소의 관점과 비교하면 보다 명확하게 이해할 수 있다. 루소는 인간의 자유를 구속하고, 인간을 소외시키는 속박으로부터 해방되기 위해서는 모든 사람이 경제적 독립성에 바탕을 둔 정치적 상호의존성interdependency이 필요함을 제시했다. 여기에서 정치적 상호의존성이란 인간은 사회적 동물로서 독립적인 개체로 존재할 수 없고 정치적·사회적으로 서로 의존적이고 협력하는 관계라는 의미이다. 즉 인간의 정치적 관계는 서로 독립적일 수는 없고, 상대방을 서로 인정하는 관계여야 모두가 정치적 자유를 누릴 수 있다는 것이다. 따라서 루소는 인간해방을 위해서 인간 모두가 경제적으로는 독립성을 바탕으로 정치적으로는 서로를 인정하는 정치적 상호의존성을 주장한 것이다.

마르크스는 루소의 주장을 비판하며 한 걸음 더 나아갔다. 인간의 정치적·사회적 해방을 위해서는 인간의 원래 모습인 상호의존성을 환원시키는 것이 올바른 방법이지만, 정치적·사회적 해방만으로는 완전한 해방에 이르기는 부족하다는 것이다. 인간은 사회적 동물이기 때문에 그 누구도 정치적으로 독립적일 수 없고, 경제적으로도 독립적이지 않다는 것이다. 따라서 마르크스는 경제적 상호의존성에 바탕을 둔 정치적·사회적 상호의존성을 제안했다. 독립적이고 이기적인 개인이 사회관계 내에서 시민, 또는 도덕적 개인으로서 원래의 모습을 찾기 위해서는 경제적 상호의존관계가 복원되는 것이 우선이라고 했다.

마르크스는 인간이 진정한 자유를 찾기 위해서는 정치적·사회적 해방 이전에 경제적 해방, 즉 물질적인 상호관계, 결국 물질적 평등이 이루어져야 함을 주장한다. 특정한 시기의 생산양식이 정치적, 문화적, 구조적 조건을 결정하고, 물질적 관계가 인간의 사고를 지배하며 개인의 특성을 결정한다는 점을 통찰한 것이다. 즉 물질적 관계가 인간의 사고와 정치적 관계를 결정한다면, 보다 근본적인 물질적 관계의 개선해야 진정한 인간해방을 이룩할 수 있다는 것이다. 인간의 정치적 자유만을 추구해서는 진정한 인간해방을 이룩할 수 없다는 것이다. 인간의 삶과 역사의 원동력이 물질에 있기 때문에 실질적인 인간해방을 위해서는 자본주의에 이르기까지 발전된 물질관계경제관계의 혁명적 변화를 거쳐야 한다고 주장한다. 즉 마르크스에게 인간해방이란 경제적 평등에 의한 시민해방Civil Emancipation과 정치적 해방Political Emancipation을 모두 포함한다.

3. 마르크스 사회주의 이론의 공헌 및 시사점

마르크스의 사회주의는 철저하게 다수 대중을 위한 이데올로기이다. 모든 사람은 사회의 일부로서 역할을 하고 있기에 모두가 평등할 권리를 가지고 있다고 한다. 그러나 자본주의 체제는 지배계급인 자본가가 피지배계급인 일반대중을 착취함으로써 부익부 빈익빈인 모순을 증대시킴으로써 대중의 삶을 피폐하게 하였다고 비판했다. 반면, 사회주의 체제에서는 모든 사람은 다른 사람을 위해 기꺼이 자신에게 부여된 능력을 다하고, 그 결과를 평등하게 나누는 휴머니즘을 실천할 것이라고 한다. 물질의 평등한 분배를 통해 모든 사람이 자신이 주도하는 삶을 살게 될 것이라고 한다. 따라서 마르크스는 자본주의의 모순을 극복하기 위해 자본주의를 혁신할 대안을 제시하였다. 또한 대중이 이 세상의 주인인 만큼 주인의식을 고취하여 역사를 발전시킬 것을 주장하였다.

마르크스는 20세기 격변의 인류 역사에 가장 큰 영향을 미친 인물이다. 그는 유물론적 세계관에 의해 다른 철학자와 달리 상부구조_{정신세계}가 아니라 하부구조_{경제 또는 물질세계}에 의해 인류의 역사가 발전했다고 주장했다. 이에 따라 만연된 물질만능주의, 자본주의에 의한 인간의 존엄성 훼손을 바로 잡아야 한다고 역설했다. 자본주의의 구조적 문제를 바로잡기 위해서는 수적으로 우세한 대중_{프롤레타리아}이 혁명을 일으켜 실질적인 정권을 창출함으로써 대중을 위한 평등한 세상을 만들어야 한다고 제시했다. 이 사상을 바탕으로 러시아에서 프롤레타리아 혁명이 발생하여 레닌이 정권을 잡아 사회주의를 현실 정치에 실현한 것을 시작으로 동유럽국가들에서도 사회주의 정권이 들어섰으며, 서유럽의 대부분 국가에서도 사회주의 정당이 설립되었다. 이어서 중국을 비롯한 아시아 국가와 아프리카, 남미에 좌파 정권이 들어서서 사회주의를 현실 정치에 도입하였다. 이러한 마르크스 사회주의 이론의 세계사적 공헌은 다음과 같다.

대중을 위한 휴머니즘

　마르크스는 기본적으로 모든 사람은 평등하다고 전제한다. 그는 사람은 사회 내 관계 내에서 존재하는 종species being의 일원임을 강조한다. 잘난 사람과 못난 사람, 능력이 있는 사람과 능력이 없는 사람 모두 사회의 일원으로 자신의 특성대로 사회의 한 축을 담당한다. 모든 사람은 혼자 존재할 수 없고, 사회적 관계로 존재하기 때문에 모든 사람은 다 필요한 존재로서 모두가 평등하게 존엄성을 인정받아야 한다는 것이다. 꿀벌 또는 개미가 열심히 일한 결과가 한 마리의 소유가 아니라 집단 전체가 일한 공동의 산물이듯이, 특정한 사람이 일하고 벌어들인 결과 역시 그 사람의 소유물일 수 없고 사회 공동체 전체가 공동의 협력한 결과물로 사회구성원 공동의 소유라고 한다. 따라서 모든 사회구성원은 평등하고 존엄한 존재로서 사회 공동체가 소유하고 있는 모든 물질이 평등하게 분배되어야 한다고 한다.

모든 사람이 사회 공동체의 일원으로 평등한 존재이니, 모든 사람, 특히 그동안 소외되어온 대중이 세상의 주인공임을 분명히 한다. 그동안 주목받지 못하고 소외되어온 다수 대중이 사회구성원으로서 자신의 소임을 다해 왔다는 점을 논리적으로 제시하며 이들 역시 당연히 인간의 존엄성을 누릴 가치가 있고, 모든 측면에서 평등하게 살 권리가 있음을 강조한다. 마르크스는 세상에 절대다수를 차지하는 대중이 천대받고 가난을 대물림하며 사는 것이 근본적으로 잘못되었음을 통렬하게 비판하면서, 이 세상이 절대다수의 대중이 실질적인 주인이 되어 행복하게 사는 곳으로 변화되기를 희망했다.

물질의 평등한 분배

마르크스는 역사발전의 원리를 하부구조물질의 발전, 즉 경제력에 있다고 보았다. 인간의 삶의 구조 및 행태에 가장 큰 영향을 미치는 것은 경제력, 즉 돈이라는 것이다. 인류 역사의 발전 역시 경제력의 증진, 즉 생산력을 향상시키는 방향으로 진행되었다고 한다. 왜냐하면 경제력을 소유한 사람은 권력과 명예 등 일간의 삶에 직접적으로 영향을 미치는 모든 것을 소유하고 주도하며, 경제력을 소유하지 못한 사람은 가진 사람에게 끌려갈 수밖에 없기 때문이다. 따라서 마르크스는 사람의 행복과 불행을 결정하는 요소를 경제력에서 찾는다. 즉 불행의 근원을 인류 역사발전 과정, 즉 경제적 생산성을 증진하는 과정에서 소수의 경제력을 가진 사람과 다수의 갖지 못한 사람으로 구분되었고, 그 결과 경제력을 가진 소수는 자신의 행복과 존엄성을 지키면서 살 수 있는 반면, 경제력을 소유하지 못한

다수는 기본적인 인간의 존엄성을 유지할 수 없다는 것이다. 돈물질이 없으면 자신의 기본적인 인격마저 지킬 수 없다는 것이다.

　실제로 자본주의가 최초로 발전한 19세기 및 20세기 영국에서는 전체인구의 90% 이상을 차지하던 노동자 모두가 절대빈곤에 시달렸다. 영국뿐만 아니라 아일랜드, 독일, 프랑스 등의 노동자들은 자본주의가 발전된 자기 나라에서는 더 이상 기회가 없을 것으로 판단하여 굶주림에서 벗어나기 위해 죽음을 무릅쓰고 낯선 미국 땅으로 향했다. 이렇듯 마르크스는 돈물질의 중요성을 간파한 것이다. 물질이 평등하게 분배되지 않는 한 다수 노동자의 인격, 인간의 기본적인 존엄성이 지켜질 수 없다는 점을 강조한다. 더 나아가 돈이 평등하게 분배되어야 인류 전체의 행복이 보장된다는 것이다.

자본주의 구조적 문제점 지적

　마르크스는 자본주의로 인해 경제구조가 왜곡되어 인류가 전반적으로 더욱 불행해졌기에 자본주의는 폐지되어야 한다고 지적했다. 인류의 출발인 원시사회에서는 사회 모든 구성원이 물질적으로 평등하여 가진 사람과 갖지 못한 사람의 구분이 없었기에 모두가 행복했다고 전제한다. 그러나 물질 생산성이 증대하는 방향으로 인류 역사가 진화되면서 물질의 총량은 증가했지만 물질 분배의 구조적 왜곡으로 인해 전체사회 구성원은 행복으로부터 점점 더 멀어지게 되었다는 것이다. 특히 가장 효율적인 경제적 생산성이 높은 자본주의가 발전하여 구성원 간 극단적인 경쟁으로 인해 소수의 부르주아가 부를 독점하고, 다수의 대중프롤레타리아은 물질을 소유하지 못하게 되었다고 설명한다.

즉 자본주의의 발전으로 인류 전체의 물질 생산성이 증진되었음에도 자본주의 체제의 구조적인 분배 왜곡으로 인해 다수의 노동자는 절대 탈출할 수 없는 빈곤의 악순환, 경제적 예속으로 인한 인간의 존엄성 상실, 기본적인 자유권 박탈 등 절대다수 대중이 불행해졌다고 고발한다. 이에 따라 자본주의사회에서는 소수 자본가가 물질뿐만 아니라 정치, 경제, 사회, 문화, 종교 등 모든 분야를 독점하게 되는 기현상이 따른다. 같은 하늘 아래, 한편에서는 절대다수의 절대빈곤과 소외, 복종이, 다른 한편에서는 극소수의 물질적 풍요와 낭비, 이데올로기와 권력 독점이라는 구조적 문제점을 지닌 것이 자본주의임을 지적했다.

자본주의가 늦게 발전한 신생 미국에서도 다른 국가와 마찬가지로 자본주의의 구조적 모순이 똑같았다. 미국에서 자본주의가 발달한 19세기 말 어느 독점자본가 자신의 생일날 큰 부를 주체하지 못해 수많은 여성 무용수들을 들어갈 만한 커다란 생일 케이크를 만들어 놓고 음악에 맞추어 안에서 무용수들이 케이크를 박차고 나와 춤추게 하고, 하객들에게 100달러짜리 지폐에 담배를 말아 함께 피우게 하였다는 기록이 남아있다. 반면, 이 시기 노동자와 농민들은 공장 및 농장에서 부녀자뿐만 아니라 5~6세의 어린이까지 가족 모두 종일 일해도 굶주림에서 벗어나지 못하였다는 고발은 셀 수 없이 많다.

마르크스는 이 같은 자본주의의 구조적 문제점을 적나라하게 고발했다. 물질에 의해 인간관계 구조가 결정될 수 있고, 물질 소유와 경제적 구조에 의해 인간의 존엄성이 훼손될 수 있다는 것이다. 이러한 자본주의의 구조적 문제가 해결되지 않으면 절대다수 대중의 기본적인 인권이 지켜질 수 없으며, 자본가와 프롤레타리아 간의 갈등을 극복할 수 없고, 인류의 행복을 담보할 수 없다는 점을 경고했다.

자본주의 혁신 방안 제시

　마르크스는 이러한 자본주의의 구조적 문제점을 지적하는 데 그치지 않고 국가사회의 전반적 구조 혁신 방향을 제시한다. 현실적으로 마르크스는 전세계 노동자들의 단결을 외친 공산당 선언Communist Manifesto에서 자본주의의 구조적 문제점을 혁신하기 위한 다수의 국가개혁 정책 방향을 제시하고 있다. 이들 10대 정책 방안은 자본주의 국가에서도 대부분 받아들여 정책으로 채택하고 있다. 즉 자본주의의 구조적 문제점에 대한 마르크스의 지적에 대해 많은 사람이 인식을 공유하고 있고, 마르크스가 제시한 방향을 있는 그대로 수용하지는 않더라도 대부분을 수용하려고 노력한 결과 자본주의 문제점이 많이 개선되었다는 것은 분명 마르크스의 공헌이다.

　하지만 마르크스의 사회주의 사상은 자본주의의 일부 수정에 만족하지 않는다. 그는 자본주의의 근본적인 폐지를 주장한다. 자본주의는 빈익빈, 부익부 구조를 고착화하여 다수 대중의 존엄성을 말살하는 나쁜 제도라는 것이다. 그리고 자본주의의 대안으로 공산주의를 제시한다. 사람은 모두 사회적 존재로서 혼자 할 수 있는 일이 없고, 그 결과물 역시 개인의 몫이 아니라 공동의 소유물이니 그 원리에 맞도록 물질의 공동생산과 공동소유를 실천하는 공산주

마르크스의 공산당 선언communist manifesto 10대 정책목표

1. 토지의 소유 및 지대의 폐지
2. 누진 소득세 실시
3. 상속권 폐지
4. 해외도피자 및 반역자 재산의 몰수
5. 중앙은행의 국유화
6. 교통 및 통신사업의 국유화
7. 주요 산업의 국유화, 농지 개간 정책 수행
8. 평등한 노동 책임과 의무, 산업 역군의 창설
9. 농업과 산업의 연합, 도시와 농촌 간의 차별 폐지, 도시와 농촌 간 인구 분산
10. 무상교육, 미성년자 노동 금지, 교육 및 산업 연합

의가 자연스러운 역사발전의 과정이라는 것이다. 결국 공산주의의 실현만이 모든 사람의 정치적, 경제적, 사회적인 평등을 실현하여 모두가 존엄한 인간으로서 거듭날 수 있다는 것이다.

대중의 주인 의식 인식

마르크스는 모든 사람을 위한 세상을 만들자고 주장했을 뿐만

아니라 대중이 실질적인 주인이 되어 역사를 변화시키는 주역이 될 수 있음을 강조했다. 그가 공산당선언에서 "만국의 노동자여, 단결하라Working men of all countries, Unite!"고 외친 것은 전 세계의 대중이 단결하면 공산주의 세계가 실현될 것임을 알리기 위함이다. 당시까지 대중은 역사발전 과정에서 어떤 영향도 미치지 못했다. 대중은 힘없고 가난한 존재, 통치자의 명령을 따라야만 하는 수동적인 피치자였을 뿐이다. 이러한 대중에게 마르크스는 그들이 스스로 나서기만 하면 그들을 위한 세상을 만들 방법을 알려주었다. 노동자들, 즉 절대다수의 대중이 보유한 수적 우세이다. 압도적인 수를 보유한 대중이 단결하여 정치 세력화한다면 언제, 어디서든 프롤레타리아 중심의 대중 혁명을 일으켜 세상을 바꿀 수 있다는 것이다.

실제로 마르크스의 선동에 따라 다수의 현실정치 참여자들에 의해 세계 각국에서 크고 작은 정치적 소요가 발생했고, 러시아에서는 총칼로 무장한 된 대중에 의해 혁명이 발발하여 구체제가 무너지고 소비에트 국가사회가 건설되었다. 러시아에 이어 서구에서는 동유럽이 공산화되었고, 아시아에서는 중국과 북한, 베트남이 차례로 공산화되었으며, 중남미와 아프리카의 많은 국가가 공산화되었다.

이에 위협을 느낀 기존의 자본주의 국가들은 자본주의의 모순을 인정하고 국가사회의 구조개혁을 단행한 것도 사실이다. 경제적으로 발전한 서유럽국가를 필두로 세계 대부분의 자본주의 국가가 다수의 생존권, 자유권, 평등권을 인정하고 각종 복지정책을 도입한 것은 마르크스 이론의 덕택으로 평가된다.

4. 마르크스 사회주의 이론의 문제점

마르크스는 사회주의의 완수를 위해 프롤레타리아 혁명에 이은 프롤레타리아 독재를 주장한다. 자본주의를 폐지하고 사회주의를 완수하기 위해 사회주의 독재가 필요하다는 것이다. 이로써 모든 사회주의 국가에서는 1인 독재 체제가 정착되었다. 그는 자본주의는 허위이고, 사회주의는 진실이라는 흑백논리를 전제한다. 자본주의 폐지 이후 공동소유 공동생산의 사회주의 경제체제로 "능력만큼 일하고, 필요한 만큼 소비한다"고 선전하지만, 현실에서는 경제의 후퇴로 인해 모두가 못사는 평등을 이루었을 뿐이다. 그는 역사의 변화와 발전에 따라 자본주의가 정착하고, 이후 사회주의로 변화된다고 주장했을 뿐, 사회주의 이후의 미래에 대한 비전을 제시하지 않고 있다.

마르크스의 사회주의 이론의 매력은 힘없고, 가진 것 없는 대중에게 희망을 준 일이다. 근본적으로 역사의 주인공으로 한 번도 인정받지 못한 대중에게 그들이 실질적인 주인임을 각인시키고, 그들의 세상을 만들어 모두가 존엄성을 지키며 행복하게 살 수 있는 이론적 기초를 제공하였다. 그 당시까지 누구도 생각하지 못한 새롭고 혁명적인 국가와 정부, 사회의 모습을 제시했다. 그의 대안은 사유재산을 폐지하고, 공동생산, 공동소유, 공동소비의 미덕을 발휘하여 경제적 평등을 실현함으로써 계급이 철폐되고, 지배와 복종관계가 사라진 정치적·경제적·사회적으로 평등한 세상을 구현하는 것이다. 그가 제시한 공산주의 국가와 정부, 사회에 대한 혁명적 사고는 마르크스주의로 정착되어 현실 정치에 반영되었다. 마르크스에 대한 논의 없이 20세기를 설명하기 불가능할 정도로 인류 역사에 큰 영향을 미쳤다. 그러나 마르크스의 이론에는 그 영향력만큼이나 다음과 같은 비판이 따른다.

독재 권력 용인

마르크스 이론은 가난하고 힘없는 대중에게 누구나 평등하게 소득과 재산을 분배하겠다고 선언한다. 평등하게 집을 제공하고, 교육하며, 직업을 약속한다. 공산주의 정부는 부자의 재산을 거둬들여 빈자에게 나누어 주는 등 가난하고 힘없는 대중을 위한 일은 무엇이든 다하겠다고 한다. 가난하고 힘없는 다수 대중에게는 희망의 등불이다.

마르크스가 말한 바와 같이 그의 이론은 과학적이고 논리적이다. 인간과 사회에 대한 명확한 가정에서 출발하여 국가와 사회의 문제점을 직시하고, 미래사회에 대한 전망을 제시한다. 몇 가지 가정을 받아들이면, 그의 이론에는 논란의 여지가 거의 없다. 그러나 이론과 모델이 완전성을 갖춘 만큼, 위험성도 크다.

다수 대중은 사회주의가 제시한 미래를 실현하고자 자본주의로부터 공산주의 체제로의 변화를 위해 프롤레타리아 혁명에 적극적으로 나설 것이고, 혁명 후에는 공산주의 정부를 열렬히 지지할 것이다. 공산주의 정부는 대중의 열렬한 지지에 의한 강력한 힘으로 대중에게 약속한 것을 실천한다. 공동생산 공동소유라는 평등주의의 원칙하에 가진 사람의 것을 빼앗아 못 가진 사람에게 분배한다. 이 과정에서 공산주의 정부는 무소불위의 권력을 소유하게 된다.

하지만 무소불위의 절대 권력을 쥐게 된 공산당과 공산주의 정부는 누구도 통제할 수 없게 된다. 조지 오웰George Orwell의 소설 《1984》

에서의 빅브라더처럼. 베버가 지적한 바와 같이, 프롤레타리아 혁명 이후 공산주의를 실천하기 위해 거대한 국가 관료제의 지배와 역할 이 더욱 강화되는 것이다. 이 결과는 프롤레타리아 독재, 즉 다수에 의한 통치가 아니라, 공산주의 관료제에 의한 통치로 변화되고, 결 국에는 1인에 의한 독재체제가 정착된다.

공산주의 정부의 절대 권력, 공산주의 관료제, 1인 독재체제의 공 통점은 체제에 대한 비판과 견제를 용납하지 않는다는 것이다. 공 산당의 결정은 절대 선, 모든 구성원이 따라야 하는 지상과제이다. 공산주의 단일모델은 모든 사회구성원에게 국가와 정부, 사회가 제 시한 법과 제도에 절대적 충성과 획일적 삶을 강요한다. 공산주의 의 최종목표가 설정된 이후에는 사회구성원 모두가 그 목표를 절대 적인 것으로 받아들일 수밖에 없다. 공산주의 사회에서는 자신들이 원하는 방식으로 1인 독재체제를 구축하게 된다. 독재국가, 독재정 부, 독재자가 탄생한다. 공산주의의 절대주의적 사고는 모든 구성원 과 사회체제를 기계적 폐쇄주의에 빠뜨리게 된다. 대중의 다양한 요 구가 허용되지 않고, 공산주의 정부의 일방적인 논리, 즉 문제해결 이 아닌 강요와 억압이 존재할 뿐이다.

독단적 신념

　마르크스는 물질적 평등으로 인간해방을 이끌 것이라고 했다. 그리고 노동이 가장 궁극적인 경제적 가치라고 했다. 모든 경제 생산물은 노동에 의한 것이고, 모든 사람의 인격과 존엄성이 동등한 만큼, 모든 노동자의 노동은 동등한 가치를 지닌다고 하였다. 따라서 동등한 노동에 의해 생산된 생산물은 평등하게 분배되어야 한다는 것이다. 자본주의가 인정하는 개인의 경쟁력은 허위의식false-consciousness에 의한 산물로 비판했다. 개인적 부를 추구하려는 것도 허위의식에 의한 것이고, 개인의 자유 역시 허위의식에 의한 것이다.

　그러나 마르크스의 사회주의 이론은 교조주의dogmatism에 빠지게 된다. 한 사회 생산물의 증가는 노동에 의해서만 이루어지는 것은 아니다. 노동력이 있더라도 자본이 투자되지 않으면 생산성의 획기적인 증가가 일어나지 않는다. 개인의 창의성이 생산성을 증가시키기도 한다. 과학기술의 발전 없이는 생산력의 발전을 달성하기 어렵다. 따라서 노동만이 경제적 가치일 수는 없다. 실제로 공산주의 사회에서 자본과 개인의 창의성, 과학기술에 의한 생산성 증가를 인정하기 않기 때문에 전체사회의 생산력 증가가 일어나지 않아 국가 경제가 전반적으로 후퇴한다.

모든 개인과 국가, 사회의 목표가 모두 똑같을 수는 없다. 모든 사람은 다양한 가치를 가지고 있으며, 자유와 평등, 인간의 존엄성에 대한 가치도 모두 같지 않다. 경제적 부에 대해서도 각자 다른 생각을 가질 수 있다. 개인의 행복도 각자 자기의 방식대로 접근한다. 모든 사람의 이데올로기 역시 같을 수 없다. 어떤 사람은 다른 사람만큼 경제적으로 평등하면 행복하다고 생각하지만, 다른 사람은 자신의 경제적 부가 아니라 자신의 정치적 영향력 또는 명예를 더 소중하게 생각하는 사람도 있다. 경제적으로는 다른 사람보다 낮더라도 예술적 가치를 더 소중하게 생각하는 사람도 있다. 사람들이 느끼는 행복감은 사람마다 다르다. 그러니 국가와 사회의 가치와 목표도 다양화할 필요가 있다. 또한 인간의 가치는 시대와 상황에 따라 변화되기도 한다.

그러나 마르크스는 개인과 국가, 사회와 경제에 대한 다양한 가치를 인정하지 않는다. 공산주의 이데올로기 단 하나만이 존재할 뿐이다. 그 결과, 다양한 가치를 가진 다양한 사람들의 요구가 묵살된다. 공산주의 사회에서 다양한 인간의 개성이 말살되는 이유이다.

공동소유 공동생산의 허상

　사회주의에서는 인간을 사회적 존재로 보고 물질의 "공동소유와 공동생산"을 원칙으로 내세운다. 이에 따라 사회주의에서는 "능력에 따른 생산과 필요에 의한 소비"가 이루어질 것이라고 선전한다. 능력만큼 일하고, 필요한 만큼 소비할 수 있다고 한다. 이루어진다면 그야말로 지상낙원이다.

　그러나 현실은 다르다. 사람은 남을 위해 살지 않기 때문이다. "공동생산과 공동소유", "능력에 따른 생산과 필요에 의한 소비"는 이루어질 수 없는 허상이다. "능력에 따른 생산"이 충족되기 위해서는 모든 사람이 자신을 위해서가 아니라 다른 사람들을 위해서 자신의 능력껏 일하는 사회주의적 미덕이 발휘되어야 한다. 하지만 모두가 사회주의적 미덕이 바람직하다고 인정하더라도 누구도 자신이 아닌 다른 사람을 위해서 일하려고 하지 않는다. "필요에 따른 소비" 역시 비현실적이다. 아무도 "능력에 따른 생산"을 하지 않기 때문에 물질 생산성이 떨어진다. 따라서 사회주의 체제하에서 절대적으로 물질이 부족할 수밖에 없다. 그러니 필요한 만큼 소비할 수는 없고, 부족한 물질을 모두 부족하게 나눌 수밖에 없다. "풍요로운 평등"은 이루어질 수 없고, "궁핍한 평등"이 따를 뿐이다. 중국 공산화 이후 마을마다 인민공사를 설치하여 농지를 공유화한 결과 수많은 중국인이 아사한 역사적 사실이 공동생산 공동소유의 허상을 단적으로 보여준다.

마르크스도 인정했듯이 개인의 자유는 누구에게도 속박되어서는 안 되며, 양도할 수 없는 권리이다. 개인이 자신의 시간을 사용해 경제활동을 할 것인지, 다른 활동을 할 것인지 결정하는 것은 순수하게 개인의 권리이다. 한 사람은 경제활동을 선택하여 경제적 부를 쌓고, 다른 사람은 부를 축적하기보다는 그 시간 동안 다른 활동을 선택할 수 있다. 이렇게 개인의 자유로운 선택에 의해 형성된 경제적 불평등은 개인의 자유의지에 의한 것이지, 인간의 사회관계에 의해 발생한 경제적 불평등이라고 할 수 없다. 그럼에도 불구하고 경제적 불평등을 해소하기 위해 국가권력이 강제력을 발동하는 것은 국가가 개인의 자유를 박탈하는 것이 된다.

미래 역사의 종말

마르크스는 인류 역사의 발전이 원시적 생산양식부터 자본주의 생산양식까지는 생산력이 증진되는 방향, 즉 양적 확대가 이루어져

생산력이 가장 극대화되어 자본주의가 나타나고, 자본주의 이후에는 자본주의 모순이 해결되는 방향, 즉 질적 변화가 이루어져 필연적으로 사회주의로 변화한다고 설명한다. 원시적 생산양식에서 아시아적 생산양식, 고대적, 생산양식, 봉건적 생산양식을 거쳐 자본주의 생산양식까지는 생산력이 증가하는 방향으로 사회가 변화해 왔다는 과거의 역사는 매우 논리적이다. 그러나 양적 팽창을 지속하던 인류사회가 질적 변화로 변화의 방향을 바뀌는 이유는 설득력이 약하다.

마르크스가 주장한 바와 같이 아무리 자본주의 모순을 인정하더라도 사회주의 출현의 당위성을 찾기 어렵다. 물론 역사는 가치가 증진되는 방향으로 진보한다는 마르크스의 진단은 매우 설득력이 있다. 원시사회로부터 자본주의 사회까지는 생산력 증가라는 확실한 가치의 증진으로 인해 사회가 변화되었다는 것은 쉽게 동의할 수 있다. 그렇다면 자본주의에서 사회주의로의 전환 역시 가치 증진의 연속이어야 한다. 그러나 자본주의의 모순이 사회주의로의 변화의 원동력이라는 마르크스의 설명은 논리적이기보다는 방향을 정한 후 억지로 맞춘 격이다.

마르크스는 프롤레타리아 혁명이 발생하여 사회주의가 확립되는 원인을 자본주의 국가와 사회의 인간의 자유 속박, 인간 존엄성 상실, 소외, 불평등, 지배와 복종구조 등의 사회문제라는 자본주의의 모순에 초점을 둔다. 그러나 엄밀한 의미에서 이러한 사회문제 해결은 기존 가치의 재분배라는 의미는 있지만 새로운 양적, 질적 가치를 창출한 것으로 보기는 어렵다. 공산주의 사회가 자본주의사회는 제공할 수 없는 새로운 가치를 제공하기 때문에 우월한 사회라고 하기보다는 자본주의사회가 나쁘고, 공산주의 사회는 자본주의의 나쁜 측면을 수정할 수 있기 때문에 실현되어야 한다는 주장이다. 즉 부정되어야 할 존재인 자본주의를 부정하는 것이 공산주의라는 것이다. 하지만 부정의 부정negation of negation으로만 새로운 가치가 창출되지 않는다. 누구의 문제점을 비판한다고 해서 대안이 될 수 없다. 한 체제의 모순을 부정한다고 해서 다른 체제가 무조건 우수한 대안이라고 할 수 없다.

마르크스가 지적한 자본주의의 모순을 극복하기 위해 사회주의가 탄생했음을 인정해도 사회주의 완성 이후를 언급하지 않는 것은 이해하기 어렵다. 그는 인류 역사가 지속적으로 변화, 발전해왔다고 전제하였다. 그러나 사회주의 완성 이후의 미래사회에 대한 언급이 없다. 사회주의가 이상사회이니 더 이상 역사발전의 이유가 없다는 것인가. 사회주의가 절대적으로 완벽하니 그 이후의 미래가 없다는 것인가. 그러나 완벽한 사회, 변화하지 않는 사회는 있을 수 없다. 인간은 끊임없이 변화하는 존재이기 때문이다.

한편, 마르크스가 가장 생산력이 높다고 인정한 자본주의의 생산력은 지속적으로 증가해왔다. 자본주의의 지속적인 생산력 증가는 두 가지 측면에서 마르크스 이론의 모순을 대변한다. 첫째, 마르크스가 생존했던 시절의 자본주의가 가장 생산력이 높은 완전한 자본주의가 아니었고 자본주의는 끊임없이 변화, 발전하는 체제라는 점에서 마르크스의 주장에 오류가 있다. 둘째, 자본주의가 지속적으로 생산력을 증가시키고 있다는 것은 자본주의가 아직도 덜 성숙했다는 것이고, 마르크스의 주장대로라면 모순의 극단에 도달하지 못한 것이라야 한다. 그렇다면 여전히 프롤레타리아 혁명의 시기는 더 성숙해야 한다.

또한 자본주의는 마르크스가 지적한 대로 극대화된 생산력으로 모순이 극대화되기보다는 생산력이 극대화되는 동시에 그 구조적 모순을 자체적으로 극복하고 있다. 자본주의사회는 증대된 경제력으로 인해 부르주아와 프롤레타리아 계급 간의 격차가 지속되고 있지만, 동시에 경제력의 증가로 인해 노동자 대중의 삶의 질이 향상되었다. 계급 간의 잠재적인 갈등이 감소되고, 새로운 계급이 발생하기도 한다. 실제로 자본주의가 발달한 미국과 유럽 국가는 자본주의가 덜 발달한 제3세계 국가보다 계급 간의 갈등이 적다.

마르크스는 자본주의가 가장 발전한 국가에서 프롤레타리아 혁명이 발생할 것이라고 예언했다. 그러나 서유럽과 미국에서는 프롤레타리아 혁명도 공산주의도 성공하지 못했다. 서유럽과 미국에서는 자유주의 전통과 평화적인 헌법적 수단에 의해 자본주의 모순을 극복하기 위한 제도적 개혁을 지속했기 때문이다. 자유주의와 자본주의가 자체적인 생명력에 의해 발전적 대안을 찾은 것이다. 오히려 자본주의가 변증법적 논리로 마르크스가 주장한 노동자의 존엄성과 평등의 개념을 수용하여 부의 재분배를 통해 복지국가로 변화, 발전하였다. 현실에서는 자본주의가 덜 발전한 러시아와 동유럽 국가에서 사회주의혁명이 발생했다. 더욱이 마르크스가 아시아적 생산양식에 머물러있기 때문에 절대로 공산주의가 성공할 수 없다고 단언했던 아시아의 중국과 베트남, 북한 등에서 공산주의 체제가 정착되었다. 역사는 공산주의야말로 가장 과학적이라고 목소리를 높인 마르크스 주장의 모순을 입증하고 있다.

Part 2

대한민국 좌파의 과거

제3장 대한민국 좌파의 생성 및 활동

1. 일제강점기

일제강점기 조선 지식인들에게 사회주의 이론은 암울한 시대를 밝히는 복음서 역할을 했다. 사회주의 평등이론은 조선사회의 봉건제도의 철폐, 인간해방론은 일본 제국주의로부터의 해방과 자주권의 회복, 자본주의 모순론은 소수의 부호와 절대다수의 소작농 구조의 철폐를 의미했다. 특히 러시아혁명은 조선인이 가야 할 미래 모습을 보여주기 충분했다. 또한 사회주의 이론으로 뭉친 독립운동가들에게는 일제에 맞서는 독립운동의 수단과 전략의 역할을 하였다. 현실적으로 일제강점기 좌파는 각종 사회주의 조직을 형성하여 일제에 맞서 싸웠다.

사회주의 이론의 전래

일제강점기 시대 사회주의 이론은 조선이 처한 상황과 어울려 자연스럽게 조선 사회에 퍼졌다. 특히 사회주의가 강조하고 있는 평등이론, 인간해방론, 자본주의 모순론 등은 암울한 조선 사회에서 복음서의 역할을 했다. 사회주의 평등이론은 조선사회의 양반과 상민을 나누는 봉건제도의 철폐, 인간해방론은 일본 제국주의로부터의 해방과 자주권의 회복, 자본주의 모순론은 소수의 부호와 절대다수의 소작농 구조의 철폐로 연결되기 때문이다. 이로써 조선에 사회주의 국가의 건설은 조선 사람 절대다수가 원하는 희망의 미래로 연결되어 1919년 3·1운동 이후 대안을 찾던 지식인들 간에 사회주의 이론이 확산되었다. 당시에는 사회주의의 위험성이 인식되어 있지 않았기 때문에 일본 내에서 사회주의 서적이 비교적 자유롭게 출간되었고 일본에 유학 및 거주하고 있던 조선인들이 탐독하고, 어렵지 않게 조선 사회에도 사회주의 사상이 퍼질 수 있었다.

러시아혁명의 영향

1917년 러시아에서 사회주의혁명이 성공함에 따라 러시아에 거주하고 있던 조선인을 중심으로 사회주의 사상이 빠르게 확산됐고, 결국은 조선 사회에까지 전파되었다. 조선인에게 사회주의 이론이 빠르게 전파된 이유는 다음과 같다.

첫째, 러시아 상황이다. 러시아는 사회주의 성공 이후 빠른 속도로 변화하였다. 그동안 억압에 숨조차 쉬기 힘들던 노동자와 농민들이 사회의 주역이 되었고, 대중의 의식주 생활이 개선되었으며, 유럽 변방의 약소국에서 강대국의 면모를 갖추었다. 외형적으로는 만인의 생활을 국가가 보장해주는 모든 국민이 행복한 세상으로 보였다.

둘째, 러시아 소비에트 정부가 식민지 확대를 위한 전쟁을 반대하고 제국주의를 타도하는 데 앞장섰다. 기본적으로 사회주의 이론에서 자기 결정권을 강조하듯이 러시아는 한 국가가 다른 국가를 식민지배하는 것을 반대하였다. 경쟁국인 서유럽 국가의 식민지가 독립하게 되면 상대적으로 러시아가 세력을 확장하는 데 도움이 되었기 때문이다. 조선의 독립운동가들은 한때 윌슨 미국 대통령의 민족자결주의에 크게 기대했다. 그러나 민족자결주의가 제1차 세계대

전 이후 패전국인 독일 및 오스만제국의 식민지 독립에 초점을 맞추고, 승전국의 하나인 일본의 식민지인 조선의 독립에는 전혀 관심을 기울이지 않는다는 실체를 깨닫고는 조선 사람들은 미국과 유럽의 국가에 대한 기대를 버렸다. 반면, 식민지 독립을 지원하는 러시아 사례를 도입하려고 했다.

셋째, 러시아는 제국주의 열강의 식민지 해방투쟁을 물심양면으로 적극적으로 후원했다.남시욱, 2018 : 15 레닌은 다른 국가의 프롤레타리아 혁명을 지원함으로써 러시아의 영향력을 확대하겠다는 의도도 있지만, 마르크스가 주장한 것과 같이 세계의 프롤레타리아가 협력하여 모든 인류의 압제로부터 해방되어야 한다는 논리를 적극적으로 실천하기도 했다. 실제로 레닌은 1919년 3월 2일 모스크바에서 국제 공산주의자 대회를 소집하여 자본주의 해체와 프롤레타리아에 의한 사회주의혁명을 명문화한 코민테른 강령을 발표하였다. 동시에 레닌은 조선인을 식민지 및 약소국의 대표를 직접 만나 민족해방운동 지원을 약속했다.남시욱, 2018 : 21

넷째, 러시아는 사회주의의 확산을 위한 노력을 지속하였다. 러시아에 공산대학을 설립하여 극동의 혁명투사를 양성하였다. 러시아 소비에트 정부는 공산대학 입학생에 대해 의식주 해결을 비롯해 여비와 생활비까지 제공하면서 사회주의 이념을 확산시켰다.남시욱, 2018 : 62

다섯째, 당시 러시아 영내에 거주하고 있던 20만 명 정도의 조선인이 사회주의 사상과 러시아 상황을 국내에 알리는 메신저 역할을 하였다.남시욱, 2018 : 22 1922년 1월 모스크바에서 열린 극동민족대회에서 의결권을 가진 대표 중 조선인이 52명으로 가장 수가 많았다.[1] 이 대회에 조선에 있는 경상도 노동연합, 조선회복조직, 조선혁명군, 조선청년연합회, 신한청년당, 재중국 조선학생연합, 재일본 조선학생구락부, 조선학생중앙회, 독립신문 편집인회 등 12개 단체 대표가 참석하였다. 이들 중 여운형, 김규식, 김시형, 최고려, 현순 등 조선인 7명은 다른 국가 대표 10명과 함께 크레플린궁에 가서 레닌을 직접 만나기도 했다.남시욱, 2018 : 37 이들은 고국에서의 식민지 생활과 러시아혁명 이후 자유롭고 평등하게 지내는 러시아인의 생활을 쉽게 비교할 수 있었다. 그리고 이들을 통해 러시아 상황이 조선 내에 전해졌다. 이 당시 러시아 노동계급의 삶과 생활에 획기적인 변화가 초래되었다고 하는 내용의 기사와 글이 신문지상에 자주 소개되기도 하였다. 동시에 조선 내에 각종 사상단체와 청년단체가 우후죽순처럼 생겨났다. 이들은 또한 러시아 정부의 지원을 받아 조선의 독립을 모색하는 과정에서 공산당을 창당하기에 이르렀다.

---

1 중국인 37명, 일본인 1명, 몽골인 14명, 자바인 1명, 칼미크인 1명이다(남시욱, 2018 : 31).

독립운동 수단

그러나 사회주의 사상이 조선 내 압도적으로 확산되는 데는 한계가 있었다. 조선인 대부분은 사회주의에 관심이 있다기보다는 조선의 독립에 관심이 있었기 때문이다. 따라서 이 시기 사회주의 이념은 일본 제국주의의 타도와 민족의 해방이라는 목표를 달성하는 데 우선순위를 맞추었다. 사회주의 사상에 경도된 일부 공산주의자들은 사회주의가 일본 제국주의를 타도하여 독립을 쟁취하는 동시에 인간에 의한 인간의 착취가 없는 계급을 타파하는 확실한 도구라고 생각하였다. 반면, 조선 독립운동가들은 독립운동을 전개하기 위한 방편으로 사회주의 이론을 수용하였다. 이러한 사회주의에 대한 접근방법의 차이는 훗날 각 정파 간의 파벌 대립으로 이어진다.

좌파 현황 및 활동

공식적인 기록에 따르면 일제강점기인 1918년 러시아 하바로프스크에서 한인사회당이 조직되었다. 한인사회당은 코민테른의 인정을 받은 유일한 조선사회주의당으로 초기의 성격은 민족해방을 위한 공산주의 단체였지만 상해 임시정부 구성원들과의 노선 차이로 임시정부를 탈퇴하고 1921년 고려공산당으로 개명하였다. 또한 1919년 러시아 옴스크에서 옴스크 공산당 고려족부가 결성되었고, 같은해 이르쿠츠크에서 전로한인공산당이 조직되었으며, 19020년 이 단체는 러시아 볼셰비키당의 한인지부인 이르쿠츠크 공산당 고려부로 공식화하였다.

이들 상해파 고려공산당과 이르쿠츠크파 고려공산당은 서로 대립하면서 소련 정부와 코민테른으로부터 지원 및 정통성을 인정받기 위해 경쟁 및 반목을 벌였고, 결국 자유시참변을 겪기도 했다. 이들 좌파는 일제강점기 사회주의 확산에 나름대로 역할을 하기도 했지만, 공산주의운동에 한계를 보이기도 했다.

국내에서는 1925년 4월 서울 시내에서 12명의 청년이 모여 조선공산당이 출범했다. 이들은 조선공산당선언에서 노동자와 농민을 기본 역량으로 하며 도시 소부르주아와 지식인까지 협력하여 독립하여 민주공화국을 수립하겠다고 했고,신주백, 2017 : 103 17개 항의 투쟁 슬로건에서도 노동자, 농민의 해방이라는 계급투쟁보다 민족의 해방과 독립을 우선시하였다. 또한 조선공산당 창립 다음 날 종로구 훈정동 박헌영의 집에서 18명이 모여 고려공산청년회를 조직했다.

국내 좌파는 1925년 11월 신의주에서 발생한 신만청년회 사건으로 인해 공산당 조직의 전모가 드러나면서 일제의 탄압을 받는다. 이 사건으로 220명이 검거되고 101명이 재판에 회부되었다. 일제의 탄압에도 불구하고 조선 내 공산주의운동은 지속적으로 증가되었다고 할 수 있다. 공식 집계에 따르면 1928년부터 1935년까지 7년 동안 치안유지법 위반혐의로 검거된 공산주의자가 1만 6천여 명에 이르렀다.남시욱, 2018:327

일제강점기 공산주의가 일반인에게까지 널리 퍼진 것은 사실이지만 조선 내 사상의 주류로 보기는 어렵다. 공산주의 이외에도 민족주의 등 다양한 사상이 혼재하였고, 공산주의운동에 참여하였다고 해서 모두 공산주의자 또는 좌파로 분류하기도 어렵다. 공산주의운동에 참여한 다수는 독립운동을 목표로 하였기 때문이다. 따라서 당시 좌파는 절대 어울리기 어려운 민족진영과 제휴를 꾀하기도 했다.남시욱, 2018:203

이러한 한계에도 불구하고 일제강점기 좌파는 조직화한 세력도 있었고, 일정 부분 대중의 지지도 있었다. 특히 여운형이 이끌던 조선인민당은 일반 대중으로부터 큰 지지를 받았고, 이들 세력을 조선총독부에서도 인정하였다.

2. 해방 전후

　　해방 전후 좌파는 조선건국준비위원회건준, 조선인민공화국인공, 조선인민당, 조선공산당, 남조선로동당남로당 등 각종 조직을 형성하여 사회주의 국가를 만들려고 시도하였다. 그러나 남한에서는 미군정이 사회주의 조직과 이들의 활동에 제동을 걸자 이들 중 일부는 무장투쟁을 벌였다. 미군정과 대한민국 정부는 이들을 불법화하고 강경 진압에 나서자 남로당 주요 세력이 북한으로 넘어가 북한의 사회주의 세력과 연합하여 조선로동당로동당을 결성하였다.

조선건국준비위원회^{건준}

1945년 해방 전후 가장 두드러진 좌파 활동은 조선건국준비위원회^{건준}의 창립과 활동에서 잘 알 수 있다. 건준은 해방 1년 전에 여운형의 주도로 결성한 비밀 독립운동단체인 건국동맹을 모체로 1945년 8월 15일 조선총독부 정무총감 엔도 류사쿠와 여운형과의 접촉에서 조직을 착수했다. 엔도 류사쿠는 8월 11일 민족주의 계열인 송진우에게 일본인들의 안전 귀국을 보장받기 위해 치안권과 행정권 인수를 제의하였으나 거절당하자, 여운형에게 제안하였다. 여운형은 ① 전국을 통하여 정치범 경제범을 즉시 석방할 것 ② 8월부터 3개월간의 식량을 확보할 것 ③ 치안유지와 건국운동을 위한 정치활동에 대하여 절대로 간섭하지 말 것 ④ 학생과 청년을 훈련 조직하는데 대하여 절대로 간섭하지 말 것 ⑤ 노동자와 농민을 건국사업에 조직 동원하는데 대하여 절대로 간섭하지 말 것 등의 5개 조건을 제시하였고, 총독부 정무총감이 이를 수락하자 바로 건국동맹 조직을 토대로 건준을 발족하였다. 그는 건준을 확대시키고자 송진우에게 건준 참여를 제의하였지만 송진우가 거절하면서 건준에 우파는 참여하지 않았다. 여운형은 서대문 형무소에 수감중이던 독립운동가들을 석방해 건준에 편입시키는 등 조직을 확대하여 건준이 발족한 지 이틀 만에 체계적인 조직망을 갖추었다.

건준의 조직은 북한 지역에서도 진행되었다. 북한 지역에서 주도한 지도자는 민족주의 운동가 조만식이었다. 이로써 한반도 이남과 이북의 서로 다른 지역 조건에서 여운형과 조만식이 동시에 건국사업에 착수했다. 건준은 13개 도마다 지부가 조직되었고 8월 15일 이후 3개월 만에 가장 작은 마을에 이르기까지 지방단위의 지부가 조직되었다. 8월 말에 이르러서는 전국에 걸쳐 건준지부가 145개에 달하게 되었다.전용헌, 1989 : 273

그러나 서울에서 발족한 건준은 좌파 중심의 조직으로 변화되었다. 초기부터 김성수, 송진우를 비롯한 우파세력이 중경 임시정부 지지를 선언하며 참여하지 않았을 뿐만 아니라, 위원장에 고려공산당에 가입한 경력이 있는 여운형, 부위원장에는 좌파 지도자인 안재홍이 맡는 등 중도좌파와 좌파세력으로 출발하였다. 또한 여운형 계열의 중도좌파세력과 조선공산당계열의 좌파세력 간에 정치적 성향과 정치노선의 차이에 따른 정치적 패권을 위한 경쟁이 심화되어 통일된 정치적 기능을 수행하기가 어려웠다.전용헌. 1989 : 253 더욱이 건준은 3차에 걸쳐 조직확대를 위한 개편 과정에서 안재홍을 비롯한 중도우파세력이 탈퇴함으로써 좌파중심의 조직체로 변모하였다. 1945년 9월 4일 건준 전체회의에서 세력 확대를 명분으로 부위원장에 좌파 변호사 허헌을 세우며 좌파 중심으로 집행위원 및 실무위원을 개편함으로써 박헌영의 좌파가 주도권을 장악하였다.

건준은 9월 6일 경기여고 강당에서 약 1천여 명이 참석한 전국인민대표회의에서 조선인민공화국임시조직법을 통과시키며 조선인민공화국인공 수립을 선포했다. 건준이 해산되고 인공이 조직된 것이다. 여운형은 이날 개회사와 격려사에서 인공 수립의 필요성과 목표에 대해 강조한 것은 여운형도 건준의 인공으로의 전환에 대해 동의한 것으로 볼 수 있다. 이후 인공은 박헌영의 재건공산파가 주도하였다.

조선인민공화국인공

건준이 인공으로 전환하는 과정에서 박헌영의 좌파는 전국적 조직으로 성장하게 되었다. 사실 해방 직후만 하더라도 공산당은 독자적인 세력을 가지고 있지 못했다. 따라서 박헌영의 좌파는 건준에 침투하여 건준의 전국적 조직을 활용하여 손쉽게 세력을 확대할 수 있었다.남광규, 2005 : 156 건준의 해체와 인공의 설립 과정에서 13개 도마다 조직되어 있던 건준 지부를 지방단위의 인민위원회의로 전

환하는 등 인공의 세력은 확대되었다.전용헌, 1989 : 274-275

　인공은 9월 7일 주석에 이승만, 부주석에 여운형, 국무총리 허헌, 내무부장 김구 등의 중앙인민위원회를 발표하였다. 이승만과 김구와 같은 우파를 본인의 의사와 상관없이 포함시킨 것은 국내 우파를 무력화 시키기 위한 사전 조치로 평가된다.남광규. 2005 : 155 그러나 이승만과 김구는 이를 거부했고, 우파는 인공을 벽상정부壁上政府로 비판했다. 이로써 1945년 9월 9일 미군이 서울에 진주하기 직전 서울에 형식적으로는 3·1운동 이후 망명정부를 표방하며 독립운동을 해왔던 중경의 임시정부임정와 인공의 2개의 정부가 대립하는 양상을 보였다. 미군정은 바로 인공에 대한 승인을 거부했고, 12월 12일에는 불법 조직으로 발표했다. 더욱이 북한에 주둔한 소련 군정 역시 인공을 지지하지 않았다. 따라서 인공은 남한에서는 불법화되었고, 북한에서조차 근거를 잃는 처지가 되었다.

조선인민당

　인공의 수립으로 입지가 좁아진 여운형은 1945년 11월 12일 자신이 중심이 되어 활동하던 건국동맹세력을 주축으로 고려국민동맹,

인민동지회 등 군소정치단체들을 흡수하여 조선인민당을 발족하였다. 조선인민당은 여운형을 비롯한 중도좌파세력을 중심으로 좌파와 우파세력을 규합하였지만 세력 분포에서 좌파가 다수를 차지하고 있었기 때문에 중도좌파적인 노선을 지향하였다.전용헌. 1989 : 283 조선인민당은 완전한 통일전선 전개 및 민주주의혁명을 목표를 한다는 데에서 기본적으로는 박헌영의 조선공산당 노선과 큰 차이를 보이지 않았다.

조선공산당 재건

박헌영은 9월 11일 주도권을 놓고 경쟁하던 장안파 공산당을 흡수하여 조선공산당을 결성하였다. 박헌영은 중앙위원 겸 총비서를 맡았고, 김일성을 2인자로 추대하였다. 조선공산당의 주요 강령은 일반 노동인민 생활의 급진적 개선을 위한 투쟁, 봉건적 잔재 일소, 인민정부 확립, 프롤레타리아 독재 등을 채택하여 사회주의 혁명노선을 분명히 하였다. 이로써 조선공산당은 유혈 폭력투쟁으로 미군정에 맞서는 한편, 소련에 대해서는 절대적으로 추종했다. 이러한 상황에서 미군정은 이미 9월 6일 박헌영과 조선공산당 간부에 대해 사회교란 및 폭동음모 혐의로 체포영장을 발부하였다. 그리고 조선인민보, 중앙신문, 현대일보 등 좌파 성향 3개 신문을 폐간하고, 신문사 간부를 체포했다. 이에 따라 박헌영은 지하로 숨어지내다 10월 북한으로 넘어갔다.

남조선로동당^{남로당}

조선공산당 활동이 미군정에 의해 정지상태에 이르자 박헌영의 조선공산당은 1946년 6월 24일 여운형의 조선인민당 31인과 남조선신민당의 합당 추진파 등과 연합하여 남로당을 결성하였다.^{전용헌.} ^{1989 : 294} 초대 당수는 여운형, 2대는 허헌, 3대는 박헌영이다. 남로당의 주도권은 결국 박헌영이 장악하고 여운형의 좌우합작 노선을 비판하자 여운형이 탈당하였다. 여운형은 후에 근로인민당을 창당하였다. 남로당은 10월 1일 대구사건 등 노동자와 농민을 선동하여 각종 파업투쟁을 주도하였고, 이어서 제주 4·3사건, 여순사건, 남부군사건 등을 일으켜 남한 정국을 흔들었다. 이에 대해 미군정 및 대한민국 정부의 강경한 진압으로 남로당 세력이 약화되었다. 이후 대부분의 남로당 주도 세력이 북한으로 넘어갔고, 1949년 6월 24일

남로당은 북조선로동당과 통합하여 6월 30일 조선로동당이 결성되었다.

3. 대한민국 정부 수립 및 한국전쟁 전후

1948년 대한민국 정부가 수립되어 한국전쟁이 끝난 후까지 남한의 좌파는 무장투쟁을 전개하였다. 대구 10·1 사건, 2·7 사건, 제주 4·3 사건, 여수·순천 사건, 남부군 사건 등은 대표적인 좌파의 무장투쟁이다. 이들 사건으로 정부와 좌파 모두 많은 인명 피해가 났고, 무고한 시민들의 피해도 컸다. 이들 좌파의 무장투쟁은 한국전쟁 이후까지 지속되다가 휴전 이후 대한민국 정부의 대대적인 지속적 노력에 의해 결국 소탕되었다. 이들 극좌파와 달리 중도좌파는 대한민국 정부에서 많은 역할을 하였지만 대한민국 정부의 좌파에 대한 탄압으로 결국 사멸되었다.

대한민국 정부 수립

1945년 해방 전후 한반도 좌파 운동은 북한보다 남한에서 더 활발했다. 그러나 미군정과 이승만의 제1공화국이 좌파에 대한 제한에 따른 남한 좌파의 입북, 좌파의 유혈 투쟁에 대한 진압, 6·25전쟁 이후 정부의 철저한 반공주의 정책에 의해 세력이 급격히 약화했다.

좌파의 상징적인 대표인 여운형은 1947년 7월 테러리스트의 손에 암살되었고, 박헌영을 포함한 5만 명의 남로당 간부 대부분은 체포를 피해 월북했다. 인민공화당 대표인 김원봉은 1948년 평양에서 열린 남북정당사회단체대표연석회의^{남북연석회의}에 참석차 입북한 후 되돌아오지 않았다. 남한에 남아있던 남로당 지하조직은 조선노동당 서울지도부 남한총책 김삼룡과 군사부책 이주하가 1950년 3월 경찰에 체포됨으로써 사라졌다. 남로당이 붕괴했음에도 불구하고 1948년 8월 정부수립 후 휴전 성립^{1953년} 때까지 5년간은 남한에 남아있던 남로당 세력이 국가전복 공작을 지속했다.

대구 10·1 사건

  1946년 10월 1일 대구에서 남로당 산하의 조선노동조합전국평의회_{전평} 주도로 대구에서 노동절 행사 후, 노동자들이 대구시청 앞에서 기아 대책 마련을 요구하는 시위 도중 경찰의 발포로 노동자 2명이 총에 맞아 사망하였다. 다음 날 소식을 들은 노동자들이 시내에 집결했고 일반 시민과 학생도 시위에 합세했다. 경찰과 시위대의 충돌에 의해 17명의 민간인이 경찰관의 총에 의해 사망했다. 이 사태는 대구뿐만 아니라 전국적으로 확산되었다. 경찰력 부족으로 각 지역에서 미군과 국방경비대뿐만 아니라 각종 반공주의 우파단체 관련자들이 시위 진압에 가담하여 피해가 속출했다. 대구를 포함한 경상북도 지역에서만 사망자가 공무원 63명, 일반인 73명으로 발표되었고, 수천 명이 체포됐다. 경북 지역에서만 관청 건물 4동과 일반 건물 6동이 불에 타 전소됐다.

  대구 10·1 사건은 대구 경북을 중심으로 주변 경상남도까지 번진 대규모로 200만 명이 넘는 사람들이 참가한 대규모 시위이다. 이 사건은 참가자의 시각에서 견해가 나뉜다. 2007~2010년 문재인 정부의 '진실화해를위한과거사정리위원회'에서 이 사건을 조사했던 김상숙은 학살의 현장을 목격했던 이들의 증언을 바탕으로 이 사건을 '항쟁'으로 명명하고 1946년 3~4월 절정에 달했던 식량 위기가 대구 사건의 중심이라고 주장한다. 이후 영천, 선산을 비롯해 12월 중순까지 남한 전역 73개 시군에 농촌 항쟁이 일어났는데 학계에서는 이 항쟁들을 대구 항쟁과 무관하게 추수 봉기커밍스, 2023, 전민 항쟁정해구, 1988 차원에서 연구했다.

한편, 이 사건의 근본 원인을 소련 대사 시티코프의 명령과 자금, 조선공산당의 개입, 일제강점기의 제도, 미군정의 식량정책 실패, 가혹한 수매, 경찰 및 서북청년단, 반공청년단의 일반인 사냥 등으로 민심이 흉흉하게 된 분노 등으로 보기도 한다.

2·7 사건

1948년 5월로 예정된 남한에서의 총선을 앞두고 남한에서의 단독 정부가 수립되는 것을 반대하여 전국적인 대규모 파업이 일어났다. 1948년 2월 9일 김구가 "삼천만 동포에게 읍소한다"는 제목으로 단선단정 반대 의사를 분명히 하였고, 이에 동조하는 세력이 적지 않다는 것을 이용하여 남로당이 2월 7일 파업을 선동했다. 서울과 부산을 필두로 일부 노동자들이 파업을 벌였고, 경찰과 물리적 충돌도 발생했다. 밀양과 합천에서는 경찰과의 총격전까지 발생했다. 이 사태는 2주일 동안 진행되었고, 전체 참가인원 200만 명, 사망 100여 명, 투옥 8,500명으로 추산되었다.

2·7 사건 이후 미군정에 반대하는 세력은 각 지역의 산악 지대를 중심으로 인민유격대를 구성하였다. 이 결과 제주 4·3 사건과 같은 무장봉기가 발생했다.

제주 4·3 사건

1947년 3월 1일 제주도의 독립운동 기념식에서 어린아이를 말로 치고 간 경찰을 경찰서까지 쫓아가 항의한 시민들에게 경찰 측이 발포하여 12명의 사상자가 발생하고 관련자들이 연행되는 사건이 벌어졌다. 이 사건을 기점으로 4월 3일 남로당을 중심으로 총파업이 일어났고, 남로당의 김달삼 등이 주동하여 5·10 총선거와 남한 단독 정부수립 반대 등을 내세우며 경찰을 공격함에 따라 총격전이 발생했다. 남로당 제주도위원회는 제주도인민유격대를 결성하여 무장 폭동을 지속했고, 이 폭동 진압 과정에서 수많은 제주인이 희생당했다. 제주 4·3 사건[2]은 6·25 한국전쟁이 끝난 후 1년이 넘도록 진행되다가 1954년 9월 21일까지 7년 6개월 동안 이어졌다.

희생자로는 경찰관 22명, 경찰 가족 13명, 일반공무원 3명 피살, 경찰관 300명 납치. 한라산에서의 전투로 사살자 7,895명, 생포 7,061명, 귀순 2,004명. 군인전사자 186명, 경찰전사자 140명, 우익단체원 전사자 629명 등 총 2만5천 명에서 3만 명에 달한다사망 1만 245명, 행불자 3,575명, 후유장애자 164명, 수형자 248명 남시욱, 2018 : 69. 2019년 12월 제주 4·3 사건 진상규명 및 희생자명예회복위원회가 결정한 제주 4.3 사건 민간인 희생자 수는 14,442명진압군에 의한 희생자 7,624명, 무장대에 의한 희생자 1,528명이다. 진압군은 1,091명 사망으로 발표됐다.

제주 4·3 사건으로 인한 인명 피해는 2만 5천 명에서 3만 명으로 추정한다. 2011년 1월 '제주4·3사건진상규명및희생자명예회복위원회'의 발표에 따르면, 총 희생자 14,032명진압군에 의한 희생자 10,955명, 무장대에 의한 희생자 1,764명 외, 유족 31,255명이며, 진압군토벌대 전사자는 군인 180

---

2 1998년 11월 23일 김대중 대통령은 CNN과의 인터뷰에서 "제주 4·3은 공산폭동이지만, 억울하게 죽은 사람들이 많으니 진실을 밝혀 누명을 벗겨줘야 한다."고 말했다. 1999년 12월 26일 국회에서 '제주4·3사건 진상규명 및 희생자 명예회복에 관한 특별법'이 통과되었다. 2003년 8월 28일 '4·3사건법'에 따라 제주4·3사건진상규명및희생자명예회복위원회가 설치되어 정부차원의 진상조사를 실시하였다. 2003년 10월 31일 노무현 대통령은 제주4·3사건 위원회의 의견에 따라 대한민국을 대표하여 '국가권력에 의해 대규모 희생'이 이뤄졌음을 인정하고 제주도민에게 공식적으로 사과하였다. 2019년 1월 17일 법원이 제주 4·3 사건 생존 수형인에 대해 공소기각 판결을 내리며 70년만에 사실상 무죄를 인정했다.

여 명, 경찰 140여 명, 우익단체 639~744명으로 추정하였다.

한편, 2019년 12월 '4·3위원회'는 총 희생자 14,442명진압군에 의한 희생자 7,624명, 무장대에 의한 희생자 1,528명 외, 유족 72,845명이고, 가해자의 비율은 진압군 78.7%7,624명, 무장대 15.7%1,528명, 기타 5.6%로 발표했다. 여기에서 기타 사망을 제외하고 난 가해자의 비율은 토벌대 83.6%, 무장대가 16.4%였다. 진압군토벌대 전사자는 군인 162명, 경찰 289명, 우익단체 640명 등 총 1,091명이다.

여수·순천 사건

1948년 10월 전라남도 여수시에 주둔하고 있던 14연대의 군인 2,000여 명이 중위 김지회, 상사 지창수 등 남로당 계열 군인의 선동에 따라 제주 4·3 사건 진압 명령을 거부하고 무장 반란을 일으켰다. 이들은 경찰과 우익 인사들을 살해하고 여수시와 순천시, 벌교, 고흥, 광양, 구례를 거쳐 곡성까지 점령하였다. 이들 반란군에 의해 경찰 74명과 민간인 80여 명이 살해당했다. 이들은 이튿날까지 이 지역 동조자 3천여 명과 함께 여수 일대를 완전하게 장악하고 인민위원회를 설치했다. 이들은 관공서에 인공기를 계양하고, 인민대회를 열어 인민위원회가 행정권을 접수하였으며, 북한 정권에 대한 충성을 맹세하고, 대한민국의 모든 법률에 대한 무효화, 친일파와 민족반역자 처단, 무상몰수 무상분배에 의한 토지개혁을 단행했다.

이에 정부는 10월 21일 여수, 순천 지역에 계엄령을 선포하고, 10개 대대 병력을 투입하여 반란군을 진압했다. 진압 작전 7일만인 10월 27일 진압군이 여수 시내를 완전히 접수했다. 반란군은 백운산과 지리산으로 들어가 빨치산 활동에 들어갔다. 군인과 경찰은 여수, 순천 등에서 민간인들을 대상으로 대대적인 반란군 협조자 색출 작업을 벌였고, 이 과정에서 2,500여 명의 민간인이 피살되기도 했다. 이승만 정부는 이 사건을 계기로 군 내부적으로는 공산주의자들을 숙청하는 숙군작업을 벌였으며, 1948년 12월 국가보안법을 제정하였다.

남부군 사건

1946년 10·1 사건 이후 남로당이 미군정에 의해 불법화되는 과정에서 산으로 들어간 좌파 인사들이 무장 반란단체인 조선인민유격대를 창설했다. 이들 가운데 일부가 2·7 사건과 제주 4·3 사건 이후 전라남도 곡성군과 구례군 일대에서 야산대로 불리던 무장 유격대로 전환했다. 이들의 일부는 1948년 여수·순천 사건 이후 군 정규 부대에서 전환한 유격대에 흡수되어 본격적인 빨치산 활동이 시작되었다. 이들 활동은 전국적으로 전남 나주군, 영광군, 함평군, 장흥군 등의 평야 지역을 중심으로 한 호남 유격 지구, 지리산을 중심으로 지리산 유격 지구, 태백산과 소백산을 중심으로 한 안동군과 청송군에 이르는 태백산 유격 지구, 경북 경주군과 영천군, 청도군 등 대구지역과 경남 양산군, 울산군, 동래군 일대의 영남 유격 지구, 한라산 일대의 제주도 유격 지구 등에서 동시다발적으로 발생했고, 이 가운데 활동이 편리한 지리산 유격 지구가 조선인민유격대의 총본산이 되었다.

북한조선민주주의인민공화국은 강동정치학원을 통해 양성한 유격대원을 포함하여 약 2,400명의 빨치산을 1948년부터 약 1년 동안 10회에 걸쳐 남파했다. 이들 가운데 약 1,700명이 한국전쟁 발발 시점까지 대한민국 영토에 남아있었으나, 대한민국 국군과 경찰의 대대적인 토벌 작전으로 950년 초부터는 세력이 크게 약화되었다. 이들은 대부분 한국전쟁 중 북한군에 흡수되었고, 1954년 4월 전남총사령부가 붕괴하면서 공식적으로 해체되었다.

중도좌파

해방 직후 미군정 및 대한민국 정부에 대해 파업 및 무장투쟁 등을 수행한 남로당계가 좌파 세력을 이끈 것은 사실이다. 그러나 남한에는 대한민국 정부와 공존한 중도좌파 세력도 있었다.

중도좌파 중 가장 큰 세력은 조소앙이 이끈 사회당이다. 사회당은 남로당과 달리 사유재산권을 인정하고, 대한민국 단독 정부 수립에 찬성하고, 참여하였다. 사회당은 창당 후 제헌국회 국회의원 73명이 입당하여 다수당이 되었다. 일반당원도 급격히 불어나 창당 6개월 만에 20여만 명에 달했다. 1950년 5월 제2대 국회의원 총선에서 조소앙은 사회당 후보로 성북구에서 민국당의 조병옥을 누르고 전국 최다득표로 당선되었다. 하지만 사회당 의석은 2명으로 감소하였다. 더욱이 조소앙이 한국전쟁 때 북한군에 의해 납북된 후 사회당은 몰락했다.남시욱, 2018 : 146

또 다른 중도좌파 세력은 조봉암의 진보당이다. 진보당은 자유주의 사회에서 진보된 사회주의 체제로 발전을 추구했다. 즉 개선된 자본주의, 복지사회 건설을 목표로 설정하였다. 조봉암은 1948년 제헌 국회의원으로 당선되어 헌법 기초위원으로도 활동했으며, 초대 내각에서 농림부 장관을 지내며 인구의 절대다수를 차지하고 있던 농민을 위한 토지의 유상몰수, 유상분배 원칙의 농지개혁을 이끌었고, 양곡매입법 제정을 추진했다. 조봉암의 이러한 노력에 의해 대한민국 정부가 농민들로부터 지지를 얻는 데 성공하여 무상몰수 무상분배 토지개혁을 단행한 북한 정권과 비교되기도 했다. 조봉암은 1956년 제3대 대통령 선거에서 무소속으로 출마하여 30%의 지지율을 기록했으며, 이후 진보당을 창당했다. 그러나 1958년 국가보안법 위반 혐의를 받고 진보당 간부들과 함께 간첩죄로 체포되어 사형을 선고받고 다음 해 사형이 집행되었다. 이로써 진보당도 해체되었고, 중도좌파 세력 역시 급속도로 약화되었다.

좌파의 사멸

북한정권은 1949년 3월 1일 전국 8개 도, 3개 신, 77개 군, 128개 읍에서 유격투쟁이 벌어지고 있다고 발표했다.남시욱, 2018 : 134 남한 전국 거의 모든 곳에서 유격대가 활보하고 있다는 것이다. 서울에만 유격대 전체 인원이 약 6만 명으로 알려져 있고, 한국전쟁 시 공산부역자는 검거자 15만 3,825명, 자수자 39만 7,080명으로 총 55만 905명으로 집계되고 있다.남시욱, 2018 : 138 제주 4·3사태와 여순사건을 비롯해 전투 중에 군경의 토벌 작전으로 사망하거나 처형된 공산주의자들의 수 역시 수십만 명에 달한다. 이들 이외에 한국전쟁 발발 직후 군경에 사살당한 보도연맹원들의 수도 20만~30만 명에 이른다.남시욱, 2018 : 141

남한에서의 극렬좌파는 대한민국 정부수립 이후, 한국전쟁을 거치면서 적극적인 반정부 무장투쟁 과정에서 사망 또는 체포, 그리고 이를 피해 자발적으로 북한으로 넘어가면서 급격히 쇠퇴하였다. 한국전쟁 이후 남한에 남아있던 극좌파는 군경의 지속적인 토벌로 사멸했고, 하에 숨어든 좌파는 대한민국 정부의 국가보안법 통과 등 지속적인 반공 노선에 의해 체포되어 활동 무대가 극히 제한되었다.

더욱이 대한민국의 자유주의 체제를 긍정하며 정부 수립 및 안정에 도움을 준 중도좌파 역시 급격히 쇠퇴하였다. 한국전쟁을 거치면서 냉전으로 인한 남북 대립 구도가 정착되면서 대한민국 국민은 좌파가 모두 위험하다는 인식을 갖게 되었다. 이로써 좌파의 국회의원 진출 등 정치적 활동 무대가 급격히 제한되었다. 특히 극렬좌파든 중도좌파든 간에 좌파의 세력 확장을 위험하게 생각하는 정권 담당자가 사법부까지 동원하여 좌파의 뿌리를 제거함으로써 대한민국 좌파는 북한과의 관계와 무관하게 불순분자 또는 간첩으로 몰려 거의 사멸되었다.

4. 북한(조선민주주의인민공화국)

북한에서는 소련의 지원을 받아 1948년 김일성의 북조선로동당북로당과 박헌영의 남조선로동당남로당이 통합한 조선로동당로동당의 주도로 조선민주주의인민공화국이 수립되었다. 한국전쟁 이후 로동당 내에서 권력 투쟁이 벌어져 박헌영과 남로당 세력이 먼저 숙청된 후, 1956년 8월 종파사건을 빌미로 연안파와 소련파를 비롯한 김일성 세력 이외의 모든 세력이 숙청되었다. 이후 북한은 김일성 일인 독재체제가 확립되었다.

소련 군정과 김일성

1945년 8월 8일 소련은 일본에 선전포고하였고, 소련군은 만주에 주둔하고 있던 일본 관동군을 공격하였다. 관동군이 예상보다 쉽게 무너지자, 소련군은 1945년 8월 10일부터 8월 15일까지 함경북도 웅기와 나진을 점령하였고, 8월 15일 이후에도 청진시에서 일본군과 전투를 벌였다. 8월 26일 평양에 도착한 소련군은 바로 38선 북한을 점령하였다. 소련의 스탈린은 북한을 효과적으로 통치하기 위해 1945년 9월 초 소련군 88여단 소속의 김일성을 모스크바로 불러 만난 후 북한 지도자로 내정하였다. 스탈린 입장에서는 김일성이 국내 지지 세력이 없기에 소련에 의존할 수밖에 없다는 점이 국내 지지 세력이 공고한 박헌영보다 소련의 세력 확장에 유리했을 것이다.

당시 북한에는 중국공산당 지도부가 있던 옌안을 중심으로 공산주의운동을 하다가 귀국한 세력인 연안파, 소련군이 북한에 진주하면서 소련 군정을 지원하기 위해 주로 중앙아시아와 연해주의 고려인 2세와 3세들로 구성된 소련파, 만주 장백현 및 갑산군의 혜산, 운흥, 보천 지역에서 활동했던 갑산파, 1930년대 만주에서 중국공산당에 입단한 후에 항일무장단체인 동북항일연군 소속으로 중국인과 함께 활동한 만주파 등 국내외 많은 사회주의 파벌이 북한에 들어와 활동하였다. 하지만 소련의 후원을 받고 있던 김일성은 이들과 때로는 연합, 때로는 경쟁하면서 자신의 세력을 늘려나갔다.

남로당파의 월북과 조선로동당 창건

남로당파는 박헌영을 중심으로 김삼룡, 이주하, 리강국, 리승엽, 허헌, 이현상 등 일제강점기 서울 중심으로 항일운동 및 공산당 활동을 했던 단체이다. 이들은 해방 직후 조선공산당을 재건하여 정예당원 10만, 방계조직 100만이라고 자칭할 정도로 엄청난 세력을 자랑하면서 1945년 9월 조선인민공화국 수립 선포를 주도하였다. 이들은 처음에는 우익 및 미군정과 협력관계를 유지하였으나, 모스크바 3상회의 이후 전면적인 찬탁 노선 채택으로 대중적인 입지가 좁아지고, 미군정이 대구 10·1 사건 등 파업 및 폭동을 주도한 혐의로 조선공산당을 불법화하자 박헌영을 비롯한 남로당 지도부가 정예당원 수천여 명과 함께 집단 월북하였다.

북한의 소련 군정은 1국 1당주의라는 명분을 위해 1945년 10월 평양에서 열린 "조선공산당 서북 5도 당책임자 및 열성자 대회"를 통해 친소파 공산당원을 중심으로 한 조선공산당 북조선분국을 설치했다. 1945년 12월 조선공산당 북조선분국 제3차 확대집행위원회는 김일성을 조선공산당 북조선 위원장에 추대했다. 북조선분국은 1946년 6월 분국 제7차회의에서 명칭을 북조선공산당으로 바꾸고, 같은 해 8월 북조선공산당은 연안파가 세운 조선독립동맹 계열 중심의 조선신민당과 통합하고 북조선로동당을 발족, 북한의 집권당이 된다.

1946년 11월 서울의 조선공산당, 조선신민당, 조선인민당의 합당이 이루어져 남조선로동당남로당이 결성된다. 이후 남로당은 1949년 6월 북로당과 합당하여 조선로동당로동당을 창당했다. 로동당은 김일성을 위원장, 부위원장으로 박헌영, 허가이를 선출하였다.

조선민주주의인민공화국의 수립

김일성이 주도하는 로동당은 1948년 9월 9일 조선민주주의인민공화국을 수립했고, 내각 수상에 김일성, 부수상에 박헌영을 임명하였다. 북한의 사회주의헌법 제11조는 "조선민주주의인민공화국은 조선로동당의 영도 밑에 모든 활동을 진행한다"라고 규정되어 북한의 실제 정치권력은 로동당에 집중되어 있다. 국가강령인 조선민주

주의인민공화국강령에는 남녀평등과 선거권, 무상교육제도 및 무상
의료제도, 친일파 및 지주 청산, 토지개혁, 자원의 공동 생산과 공
동 소유를 규정하고 있다.

조선로동당 내 권력 투쟁

김일성은 한국전쟁 과정 및 결과를 자신의 권력 강화에 이용한
다. 김일성은 낙동강 전선에서의 패배와 평양 방어 실패의 책임을
연안파의 거두 김무정에게 돌리며 숙청하였다. 김일성은 한국전쟁
이 종결된 이후에는 자신이 미제침략자들에 맞서서 승리한 전쟁이
라고 강변하는 동시에, 전쟁 실패에 대한 책임을 남로당파에 전가하
면서 반대파를 제거해 나갔다. 김일성은 전쟁이 진행 중이던 1951년
부총리를 맡고 있던 소련파 허가이가 박헌영을 비롯한 남로당파 숙
청에 반발하자 암살했다. 1953년 평양 주재 소련 대사를 통해 박헌
영과 그 추종자들이 당내에서 종파를 조직하고 정보를 미국에 빼돌
렸으며 한국전쟁의 패배의 원인을 제공했다고 주장하면서 미국 스
파이 혐의로 박헌영을 체포하였다. 박헌영은 1955년 12월 조선민주
주의인민공화국 최고재판소 특별재판에서 및 전재산 몰수형을 선

고받았고, 1956년 처형당했다.

　김일성은 1956년에 8월 종파 사건을 빌미로 연안파와 소련파를 제거했다. 이 사건은 1956년 6월부터 8월에 걸쳐 로동당 제20차 전원회의에서 집단지도체제를 담당하고 있던 연안파와 소련파가 일부 지방당조직을 동원하여 당정책을 비판하고, 당내민주주의와 자유, 나아가 사회주의로의 이행기 전반에 걸친 수정주의적 주장으로 김일성을 전면적으로 비판하려 했다. 이에 대해 김일성파는 연안파와 소련파의 주요 인물들을 반당종파분자로 규정하여 출당처분을 내린 후 투옥 및 연금하였다. 1958년에는 자신의 권력 강화에 걸림돌이 되는 남한 출신 김원봉과 김두봉을 숙청하였다. 이후에도 갑산파 일부와 같이 김일성 우상화를 방해하는 파벌은 바로 숙청하였다.

김일성 일인 체제 확립

　북한은 1960년대까지 남한보다 두 배 이상의 경제력을 유지해왔다. 한국전쟁 이전까지 남한은 농업이 주된 산업인 반면 북한은 공업이 우세했다. 한국전쟁 이후 1960년대 초까지는 소련과 동유럽이 같은 사회주의 국가인 북한에 대해 큰 규모의 경제적 지원을 하였다. 그러나 1953년 스탈린 사망 이후 흐루쇼프의 스탈린 비판을 시작으로 1956년 중국과 소련 간의 마찰, 1956년 헝가리 혁명 등의 사태로 인해 북한은 소련과 동유럽의 권위주의 탈피 바람을 막기 위해 자주노선을 선언하면서 외국과의 교류를 끊었다. 이 결과 소련과 동유럽으로부터의 경제적 지원도 끊김에 따라 경제가 쇠퇴하였다. 1970년대 초반부터 북한은 남한에 1인당 GDP가 역전되었다.

정치적으로 북한의 자주노선은 김일성의 권력 강화를 위한 도구로 이용되었다. 즉 북한 내 권위주의 체제에 반감을 느낀 본질적인 의미의 좌파를 숙청하면서, 자주노선은 사상적으로 주체사상을 탄생시켰다. 주체사상은 중국과 소련을 비롯한 외세의 영향력을 일절 거부하고, 자신의 상황에 맞는 주체적 태도를 견지하겠다는 사상이다. 북한의 주체사상은 1970년대 김일성 개인숭배와 세습을 정당화하고, 마르크스-레닌주의를 대체했다. 1990년대 이후 북한은 공산주의 국가임을 표방하면서도 마르크스의 서적을 금서로 지정했고, 김정은 정권 이후에는 공산주의까지도 부정하고 있다.

제4장 대한민국 좌파의 세력화

1. 학생운동 세력 내 좌파

1980년 이전의 학생운동은 한일협정반대운동, 유신체제 반대운동 등 학생 중심의 대정부 투쟁이 중심이었다. 이 당시의 학생운동과 좌파와의 관련성이 약했다. 그러나 1980년 광주민주화운동 이후에는 학생운동이 반미 및 친북 민중민주주의 혁명으로 발전하면서 좌파 이데올로기를 수용하였다. 학생운동권 세력은 민족통일민주쟁취민중해방투쟁위원회삼민투를 결성하여 1985년의 서울 미문화원 검거사건, 민정당사 검거농성사건 등을 배후 조종하였다. 삼민투는 내부의 노선대립으로 1986년 2월 민중민주주의 혁명을 주장하는 PD계열민중민주의 반제반파쇼민족민주투쟁위원회민민투가와 4월 반미 종북 주체사상을 신봉하는 NL계열민족해방의 반미자주화반파쇼민주화투쟁위원회자민투로 진화했다. 이중 다수를 장악한 NL계열은 외세의 배격과 자주적 민주정부 수립, 자주적 평화통일, 민중이 주인이 되는 세상 등을 내걸고 투쟁하였다. 1992년 전대협은 발전적 해체를 선언하고 1993년 한국대학총학생연합회한총련으로 재결집하여 학생운동을 이어갔다. 그러나 한총련은 2000년 이후 세력을 잃었고, 이에 따라 대학생 주도의 좌파 세력은 대학가에서 종적을 감추었다.

1980년 이전

대한민국 학생운동은 뿌리가 깊다. 일제강점기 1919년 3·1운동과 1926년 6·10 만세운동 등에서 학생들이 주도적으로 참여하였다. 1929년 광주항일운동은 학생들이 주도하였다. 그 이후에도 학생들은 각종 항일운동에 적극적으로 참여하면서 반일, 반정부 투쟁에 앞장섰다.

해방 후에도 학생들은 각종 정치 및 사회운동에 적극적으로 참여하였다. 특히 1960년 4·19 혁명에는 정부에 대한 부정선거 항의를 시작으로 결국 이승만 대통령의 하야에 결정적인 역할을 하였다. 이 전통은 박정희 대통령 시절에도 계속 이어졌다. 박정희 정부가 1964년 한일국교정상화회담을 추진하자 학생들은 한일협상반대운동, 즉 6·3 시위를 이어 나갔다. 1969년 박정희 대통령이 정권 연장을 위하여 대통령의 3선이 가능하도록 헌법을 개헌하자 학생들은 당시 야당인 신민당의 삼선개헌저지투쟁에 적극적으로 참여하였다. 1972년 박정희 대통령의 종신 집권 및 1인 체제를 위해 유신헌법 체제를 수립하자 학생들은 전국민주청년학생연합^{민청학련}을 조직하여 전국적인 반정부 연대투쟁을 하였다. 1979년 부산과 마산 학생을 주축으로 부마항쟁의 결과 박정희 대통령이 암살된 후, 1980

년 초 민주화를 위한 학생운동이 전국적으로 벌어졌다. 같은 해 5월 5·18 광주민주화운동에서도 학생들은 신군부 퇴진과 계엄령 철폐 등 민주화를 위한 운동에 적극적으로 가담했다.

　이러한 학생들의 반정부 운동은 좌파 세력이 관여한 것으로 볼 수는 없다. 단, 1974년에 있었던 민청학련 사건을 정부에서는 인민혁명당과 조총련, 일본공산당, 혁신계 좌파의 배후 조종을 받아 국가를 전복시키고 공산정권 수립을 추진했다고 주장하며 관련자 8명의 사형집행, 7명의 사형 선고 등 중형을 내렸지만, 당시 국제사면위원회앰네스티가 사형을 받을 만한 증거가 의심스럽다고 판단했고, 2005년 12월 국가정보원 과거사건 진실규명을 통한 발전위원회는 이 사건에 대한 재조사를 통해 "인민혁명 시도로 왜곡한 학생운동 탄압사건"으로 발표했다. 이 당시 일반 국민의 여론은 좌파에 대해 부정적 여론이었기에 정부가 민청학련사건을 좌파와 관련이 있는 것으로 발표했다는 의미이다.

1980년 이후

　한국에서 좌파 학생운동의 뿌리는 5·18 광주민주화운동 이후 시작되었다고 할 수 있다. 당시 미국 정부가 전두환 신군부를 승인해 주었고, 한국 군인이 광주민주화운동을 무력으로 진압하려는 것을 파악하고 있었음에도 이를 방치하여 광주시민의 희생이 발생했다는 사유로 반미감정이 발생했고, 이 반미감정은 좌파 이데올로기 수용으로 이어졌다.

광주민주화운동 이후 학생운동은 본격적인 반미운동 및 친북 민중민주주의 혁명노선으로 발전했다. 최초의 반미 사건은 1980년 12월 광주에서 일어난 미문화원 방화 사건이다. 이어서 1982년 3월 부산에서 미문화원 방화 사건이 일어났고, 11월에는 광주 미문화원 강당 옥상에 화염병 투척 사건이 발생했다. 1983년 9월 대구 미문화원에서 사제폭탄이 폭발하여 1명이 사망하고 5명이 부상당했다. 1985년 5월에는 서울대, 고려대, 서강대 등 5개 대학 학생 73명이 서울 미문화원을 점거하고 광주학살의 진상규명과 미국의 사과를 요구하면서 4일 동안 농성했고, 11월에는 서울 시내 7개 대학 학생 14명이 서울의 주한미상공회의소를 점거하고 미국의 한국에 대한 수입개방 요구를 철회할 것을 주장했으며, 12월에는 전남대생 4명과 전북대생 5명이 광주 미문화원을 점거, 미국의 수입 개방 압력 즉각 철회와 미국대사 면담 요구했다. 1986년 5월에는 반미자주화반파쇼민주화투쟁위원회^{자민투} 소속 21명이 부산 미문화원을 검거하고 반미구호를 외쳤다. 이 과정에서 이들의 논리는 신군부의 광주진압 작전을 미국 정부가 묵인한 데 대해 해명하고 사과하라는 수준에서 반미 및 주한미군철수운동으로 확대되고, 결국 좌파 민중민주주의 혁명노선PD계열 및 종북 주체사상의 숭배NL계열로 발전하였다.

삼민투, 민민투, 자민투

1984년 서울대 민주화추진위원회민추위가 발족되어 민주화투쟁위원회민투, 노동문제투쟁위원회노투, 홍보위원회, 대학간 연락을 맡은 학간연락책 등 4개 기구를 산하에 두는 등 조직화하였다. 이 과정에서 민추위는 1985년 해산되고, 민투는 1985년 3월 각 대학 총학생회를 산하기관으로 하는 민족통일민주쟁취민중해방투쟁위원회삼민투를 결성하여 그해 7월 전국 45개 대학 가운데 34개 대학에 삼민투를 조직화했다. 삼민투는 1985년의 서울 미문화원 검거사건, 민정당사 검거농성사건 등을 배후 조종하는 등 조직화 된 폭력투쟁을 벌였다.남시욱, 2018 : 288 삼민투는 내부의 노선대립으로 1986년 2월 민중민주주의 혁명을 주장하는 PD계열민중민주의 반제반파쇼민족민주투쟁위원회민민투가와 4월 반미 종북 주체사상을 신봉하는 NL계열

민족해방의 반미자주화반파쇼민주화투쟁위원회자민투가 각각 결성하였다. 민민투는 우리 사회의 계급적 모순 타파를 우선시하여 선 민중해방민중, 후 민족해방자주를 실현한 다음 북한과 지역자치에 의한 연방제를 거쳐 통일하자는 정통 마르크스주의를 따르는 조직인 반면, 자민투는 분단으로 생긴 민족적 모순을 중시하여 선 민족해방자주, 후 민중해방을 실현한 다음 북한과 통일하자는 김일성 주체사상파주사파이다.남시욱, 2018 : 360

민민투 계열은 혁명모델로 삼은 동구권 사회주의국가들이 1980년대 말 붕괴한 까닭에 사회주의혁명운동의 정당성을 잃고 세력이 축소됐다. 이 틈을 타 김일성을 추종하는 자민투 세력이 확장됐다. 이들 자민투 세력은 1987년 8월 전국대학생대표자협의회전대협을 결성하여 학생운동권을 장악하고, 재야노동운동권과 출판계, 교육계, 시민운동권 등 사회 각계각층으로 세력을 확장했다.남시욱, 2018 : 419

전국대학생대표자협의회전대협

1985년 4월 각 대학 총학생회 연합체로 조직된 전국학생총연합회전학련는 전대협으로 재편됐다. 전대협은 전국 180개 대학교 학생대표자총학생회장 협의체로써 각 대학 총학생회는 예외 없이 좌파 NL계열이 장악했다. NL노선을 추종한 전대협은 반미자주화, 반독재 민주화, 자주적 통일, 학원 자주, 민중연대, 여성 해방, 반전반핵 평화 등을 강령으로,남시욱, 2018 : 278 외세의 배격과 자주적 민주정부 수립, 자주적 평화통일, 민중이 주인이 되는 세상을 만들기 위해 투쟁하겠다고 선언했다. 여기에서 외세의 배격은 반미를, 자주적 민주정부 수립 및 자주적 평화통일은 김일성 주체사상을 받아들이는 북한에 의한 흡수 통일, 민중이 주인이 되는 세상은 프롤레타리아 혁명을 통한 공산주의 국가건설을 의미한다.

전대협은 학생운동을 넘어 현실정치에도 깊이 관여했다. 전대협은 보수 야당과의 민주연합론을 제시하며 김대중 후보를 지지하였다. 한편, 1990년 PD계열의 50여 개 대학 소속 학생 1,500명은 민중당 창당대회 하루 전에 서울대에서 집회를 갖고 민중당 창당지지 대회를 열었다.남시욱, 2018 : 319

전대협은 1991년 전국의 전문대학을 포함한 250개 대학 가운데 177개 대학 총학생회를 가입시킨 거대한 조직체로 성장했다. 이로써 전국적으로 시위가 격화됐다. 1991년 4월 26일부터 6월 15일까지 5월 대투쟁기간 동안 전대협 소속 대학생 11명이 분신자살하였고, 6월 임수경이 제3국을 통해 방북하였고, 군사분사분계선으로 내려오는 등 국민 여론의 이목을 끌었다. 이 당시 시인 김지하는 〈죽음의

굿판을 당장 집어치워라〉라는 사설을 발표하였다. 이러한 상황에서 전대협이 이끄는 학생운동이 위축되었다. 결국 1992년 전대협은 발전적 해체를 선언하고 1993년 창립된 한국대학총학생연합회^{한총련}으로 학생운동의 주도권을 넘겼다.

한국대학총학생연합회^{한총련}

한총련은 기존의 각 대학교 총학생회장단의 협의체 수준이었던 전대협을 확대하여 전국 모든 대학 단과대 학생회장까지를 대의원으로 하는 1천 6백여 명의 거대 학생회 연합체로 1993년 출발했다. 한총련은 창립시에는 '생활, 학문, 투쟁의 공동체'로 북한 추종 색깔을 희석시키면서 세력을 키웠다.

그러나 한총련은 발족 직후부터 미군기지 안으로 들어가 주한미군철수와 반전반핵 시위를 벌였고, 안기부 앞에서 국가보안법 철폐와 안기부 해체를 주장하였으며, 미국대사관 앞에서는 우루과이라운드 재협상과 농산물 수입개방 철회를 외치는 등 반미와 친북 노선을 분명히 했다. 또한 한총련은 1994년 조선대에서의 2기 출범식을 계기로 주체사상을 지도이념으로 택하는 등 철저히 북한을 추종하였다.남시욱, 2018 : 402 1994년 김일성이 사망하자 일부 대학에서는 김일성을 위한 분향소를 설치하기도 했다.

한총련은 1996년 광복절을 기념해 북한에서 열린 민족통일대축전에 2명의 학생을 남측 대표로 참가시켰고, 두 학생이 판문점을 통해 돌아오는 시점에 맞춰 판문점으로 행진하는 것과 연세대학교에서 집회를 열기로 기획하였다. 전국 각지에서 한총련 소속 학생들이 연세대로 모여들었고, 정부는 공권력을 동원하여 집회를 원천 봉쇄하였다. 이에 따라 한총련 학생들과 서울 시내에서 산발적으로 시위를 벌였고, 동시에 연세대에 있던 2만여 명의 한총련 학생들은 5일 동안 농성하면서 경찰과 충돌하였다. 또한 1997년 6월 한양대학교에서 한총련 소속 학생들에 의해 선반기능공 이석이 경찰 프락치로 오인되어 두 손이 묶인 채로 집단린치를 당해 사망한 사건이 발생했다.

연세대 사태와 한양대 출범식 사건으로 한총련이 주도하는 폭력 시위에 대한 부정적 여론이 일어났다. 연세대 사태 이후 연세대에서는 비운동권 후보가 총학생회장으로 당선되었고, 이어 상당수 대학교 학생회가 한총련을 탈퇴하면서 2000년 후 세력이 급격히 약화됐다. 2000년대 중반 이후 한총련은 사실상 유명무실화되었고, 대부분의 대학 총학생회는 이데올로기와 관련 없는 일반 학생들로 구성되었다.

2. 노동조합 세력 내 좌파

해방 직후 노동계는 좌파와 우파로 나뉘어 출범했다. 좌파 계열의 조선노동조합전국평의회전평은 1950년 좌파 불법화에 따라 강제 해산됐고, 우파 계열의 대한독립촉성전국노동총연맹대한노총 역시 5·16 이후 강제 해산됐다. 1961년 8월 한국노동조합총연맹한국노총이 발족되어 1990년까지는 집권 여당을 지지하는 어용단체로 명맥을 유지했다. 전국민주노동조합총연맹민주노총은 학생운동권 출신이 주도하여 1995년 창립 이후 노조 활동의 주도권을 쥐고 정부정책에 대해 투쟁하면서 영향력을 확대하였다. 민주노총은 2004년 한미FTA를 반대하는 대규모 파업집회를 갖고, 평택 미군기지 확장 저지 범국민투쟁위원회의 일원으로 맹렬한 반미시위를 벌였으며, 2006년 평양에서 열린 노동절 공동행사에 참석했던 민주노총 대표단 중 50명이 평양 혁명열사릉을 참배하였고, 2008년 광우병 촛불시위에도 주도적인 역할을 하였다.

1945년 광복 직후 노동조합은 좌파와 우파로 나뉘어 각각 출범했다. 좌파 노동운동가들은 그해 11월 조선공산당 박헌영 등의 후원을 배경으로 조선노동조합전국평의회전평를 출범시켰고, 우파 계열은 1949년 4월 이승만, 김구, 김규식을 명예총재로 하고 유진산, 전진한, 김두한 등을 중심으로 대한독립촉성전국노동총연맹대한노총을 발족했다. 전평은 좌파 불법화에 따라 불법단체로 간주되어 1950년 강제 해산당했고, 대한노총은 1961년 5·16 군사 정변 이후 집권한 군사정권에 의해 강제 해산됐다.

이후 1961년 8월 한국노동조합총연맹한국노총이 발족되었으나 활동은 정부의 통제하에 한정적으로 이어졌고, 1990년까지는 집권 여당을 지지하는 어용단체로 명맥을 유지했다. 한국노총은 1995년 전국민주노동조합총연맹민주노총의 창립 이후 노동조합 활동의 주도권을 잃은 후 1997년 김대중과 정책 연대를 하기도 하였으며, 2004년 녹색사민당을 창당하였으나 실패하고, 이후 우파 및 좌파 정당과 정책 연대를 하는 등 우왕좌왕하는 모습을 보였다. 그럼에도 불구하고 한국노총은 명목상 조합원 수 90만 명이 넘는 조직으로 민주노총과 함께 대한민국 양대 전국 조직이다.

민주노총은 1995년 노동법 개정 이후 조합원 수 42만여 명을 거느리고 창립하였으나 불법화되었던 전국교직원노동조합전교조의 가입 문제로 우여곡절을 겪다가 1999년 전교조의 합법화 조치로 완전하게 합법적인 조직이 되었다. 민주노총은 한국노총이 노동자의 권익과 목소리를 대변하지 않는 어용노조라고 비판을 하며 민주적인 상급단체가 필요하다고 노동자들을 설득한 결과 창립 이후 조합원 수가 비약적으로 증가하였다. 민주노총은 2021년 12월 기준으로 가입 조합원 수가 121만 명이 넘으며 명실상부한 대한민국 제1의 전국노동조합조직으로 발전했다.

민주노총은 대한민국 노동조합 운동에 큰 변화를 가져왔다. 정부를 지지하는 성향을 보인 한국노총의 영향력이 약화되고, 정부정책에 대해 강경하고 투쟁적인 성향을 가진 민주노총의 영향력이 커졌다. 특히 민주노총이 지지하는 민주노동당이 2004년 제17대 총선에서 지역구 2석, 비례대표 8석, 정당특표율 13.1%를 획득하면서 민주노총의 위상은 더욱 커지게 되었다.

민주노총은 출범부터 국장급 이하 상근직 25명 대부분이 좌파 이념으로 무장된 서울대 등을 졸업한 의식화된 운동권 출신으로 국가보안법 폐지와 연방제 통일방안을 지지하는 방침을 정했다[남시욱, 2018 : 415]. 민주노총은 차츰 정치투쟁을 벌여 2004년부터 한미FTA를 반대하는 대규모 파업집회를 갖고, 평택 미군기지 확장 저지 범국민투쟁위원회의 일원으로 맹렬한 반미시위를 벌였다. 2006년 평양에서 열린 노동절 공동행사에 참석했던 민주노총 대표단 중 50명이 평양 혁명열사릉을 참배하였고, 2008년 광우병 촛불시위에도 주도적인 역할을 하였다. 2015년 민주노총은 53개의 좌파 단체가 참여한 7만 명 규모의 민중총궐기를 주도하여 경찰 기동대와 충돌하였다.

민주노총의 세력이 확대되면서 2008년 민주노총 조합원 성폭행 미수 사건, 2019년 현대중공업에서의 경찰관 폭행 및 재물 피해, 2021년 비조합원 집단 폭행 및 차량 훼손, 2023년 북한 공작원 접선 사건, 고용 세습 및 노동 귀족화 등의 문제도 발생했다. 이에 따라 2009년 인천지하철노조, 인천국제공항공사노조 등이 민주노총을 탈퇴하고, 2011년 대표적인 민주노총 산하 강성노조인 서울지하철노조가 민주노총에서 탈퇴하는 등 민주노총의 좌파식 투쟁방식에 비판이 따르기도 했다.

3. 교육계 내 좌파

전국교직원노동조합전교조의 효시는 1960년 5월 결성된 한국교원노동조합교원노조이다. 전국교사협의회전교협은 1987년 초·중·고등학교의 평교사들이 민족, 민주, 인간화 교육을 이념으로 하는 참교육의 실천을 목표로 창립되었고, 창립 1년 만에 전국 평교사의 10%에 달하는 3만 명의 회원이 가입하였고, 전국 17개 지부의 거대 조직으로 발전했다. 1989년 전교협은 전국 단위 단일 교사노동조합인 전교조로 재조직되어 합법화되었고, 이후 한총련 및 민노총과 함께 좌파 대중운동을 이끌었다. 이라크 전쟁 반대, 한미 FTA 방대 등 좌파 운동권의 정치적 문제에 깊이 관여하였으며, 차등 성과급제 및 교원평가제의 도입을 반대하였다. 2003년 7월 북한교원단체의 초청을 받고 130명으로 구성된 평양교육견학단을 북한에 파견하였고, 2008년 광우병 촛불시위에서는 한국진보연대와 민노총과 함께 반미시위를 주도했다.

교육계 내 조직은 1947년 대한교육연합회^{대한교련, 설립 당시 조선교육연합회}가 시초이다. 1948년 대한교육협회로 명칭을 바꾸었으며, 1989년 한국교원단체총연합회^{한국교총}으로 개칭되어 현재에 이르고 있다. 대한교련과 그 후신인 한국교총은 전국교직원노동조합^{전교조}로부터 관변단체로 비판받고 있다.

전교조의 효시는 1960년 5월 결성된 한국교원노동조합^{교원노조}이다. 교원노조는 평교사의 노동권 보장과 어용인 대한교련의 해체를 주장하였다. 그 결과 8만 2천 명에 달했던 대한교련의 회원수는 5만여 명으로 줄고, 교원노조의 조합원수는 4만 명에 달했다. 그러나 제2공화국에서도 교원노조를 허용하지 않았고, 박정희 정부와 전두환 정부 역시 교원노조를 인정하지 않았다.

1987년 민주화 바람이 불면서 초·중·고등학교의 평교사들이 민족, 민주, 인간화 교육을 이념으로 하는 참교육의 실천을 위해 전국교사협의회^{전교협}를 구성하였다. 전교협은 창립 1년 만에 전국 평교사의 10%에 달하는 3만 명의 회원이 가입하였고, 전국 17개 지부의 거대 조직으로 발전했다. 전교협은 1989년 전국 단위 단일 교사 노동조합인 전교조로 거듭난다. 정부는 교원의 노동조합 결성이 불법임을 선언하고 1,400여 명의 가입 조합원을 해직하였으나, 1993년 김영삼 정부 출범 이후 해직 교사들은 전원 복직했다. 1999년 전교조가 합법화되었지만 2013년 법외노조가 되었다가, 2020년 대법원의 판결로 법적 지위가 회복되었다.

전교조는 발족 당시 참교육을 부르짖다가 1999년 합법화 이후에는 한총련 및 민노총과 함께 좌파 대중운동을 이끌었다남시욱, 2018 : 350. 특히 교육에 있어서 초, 중, 고등학교 학생들에 대해 좌파 교육을 한다는 비판을 받아왔다. 노무현 정부 시절에는 이라크 전쟁 반대, 한미 FTA 반대 등 좌파 운동권의 정치적 문제에 깊이 관여하였으며, 차등 성과급제 및 교원평가제의 도입을 반대하여 정부 여당과 갈등을 빚었다. 전교조는 2003년 7월 북한교원단체의 초청을 받고 130명으로 구성된 평양교육견학단을 북한에 파견하였고, 2008년 광우병 촛불시위에서는 한국진보연대와 민노총과 함께 반미시위를 주도했다. 2010년에는 지방선거를 앞두고 전교조 소속 교사 100여 명이 민주노동당에 가입하여 논란을 불러일으키기도 했다.

전교조는 2003년 9만 5000명으로 조합원 수 정점을 찍었으나, 2010년 6만 5,861명, 2015년 5만 3,470명, 2020년에는 4만 5,200명으로 세력이 약화되고 있다. 반면, 전교조와 달리 특정 이념을 지향하지 않고 대정부 투쟁에서 생활 밀착형 노조를 만들자는 취지로 2017년 창립된 교사노동조합연맹교사노조은 2023년 조합원 수 7만5천 명이 넘어 전교조의 쇠퇴와 대조를 보인다.

4. 시민사회단체 내 좌파

시민사회단체가 급격하게 증가한 것은 1987년 6월항쟁 이후이다. 1987년 6월 반독재 민주화운동 결과 그동안 억눌렸던 노동자들의 요구가 분출되면서 노동, 통일, 여성, 환경, 인권 등 다양한 시민사회단체가 설립되었다. 1990년대 들어서면서 한국 사회는 좌파 시민사회단체 전성시대가 되었다. 1991년 12월 NL계열의 좌파 민주주의민족통일전국연합전국연합은 전민련, 전교조, 전국농민회총연합전농협, 전대협 등 13개 부문의 재야운동단체와 8개 지역운동단체 등 모두 21개 단체가 참여한 해방 후 최대 규모의 시위를 벌였고, 이들은 반미, 양심수의 즉각 석방, 국가보안법의 철폐 등 친북 노선을 걸었다. 1994년 창립된 참여연대는 신원이 확인된 전현직 임원 416명 중 36.2%에 이르는 150명이 청와대와 정부 고위직 및 산하 각종 위원회 위원 등 313개의 자리를 맡은 바 있다. 이들이 차지한 자리는 김영삼 정부 22개, 김대중 정부 113개, 노무현 정부 158개로 급증했다 정부는 1999년 시민사회단체를 재정적으로 지원하기 위해 비영리민간단체지원법을 제정하였고, 행정자치부와 지방자치단체는 시민단체들에게 매년 150억 원씩을 지원했다. 이로써 시민사회단체 수는 김대중 정부 아래서 폭발적으로 늘어났고, 노무현 및 문재인 정부를 거치면서 더욱 세력이 강화됐다.

대한민국의 시민사회단체는 대한제국 시절에는 독립협회와 만민공동회, 일제강점기 이후에는 신간회와 같은 단체가 자발적으로 조직되어 참정권 운동, 실력 양성 운동, 반봉건·반제국주의적 민족해방운동 등의 다양한 사회운동을 전개하였다. 이들 시민사회단체는 이데올로기에 편향되지 않고 3·1운동, 6·10만세운동, 노동운동, 여성운동, 항일무장운동 등을 통해 나라의 독립을 쟁취하고자 일제에 대항하여 투쟁했다.

해방 이후 한국전쟁이 종료될 때까지 시민사회단체는 우파 시민사회단체와 좌파 시민사회단체로 양분되어 한편에서는 정부를 위해, 다른 한편에서는 반정부 투쟁을 이어갔다. 한국전쟁이 종료되면서 반정부 투쟁을 하던 좌파 시민사회단체가 불법화되고 우파 시민사회단체는 정부에 대부분 흡수되면서 시민사회단체의 세력이 급속도로 약화되었다. 이후 박정희와 전두환 정부 시절에는 시민사회단체의 설립 자체를 철저히 통제함에 따라 시민사회단체 활동이 거의 없었다.

시민사회단체가 급격하게 증가한 것은 1987년 6월항쟁 이후이다. 1987년 6월 반독재 민주화운동 결과 그동안 억눌렸던 노동자들의 요구가 분출되면서 노동, 통일, 여성, 환경, 인권 등 다양한 시민사회단체가 설립되었다. 하지만 이들 시민사회단체는 이데올로기에는 중립을 유지하였고, 좌파 세력은 아직 미약했다.

1990년대 들어서면서 한국 사회는 좌파 시민사회단체 전성시대가 되었다. 하지만 소련과 동구권의 몰락은 사회주의혁명운동의 정당성에 문제가 제기되면서 국내의 사회주의혁명세력, 즉 PD계열에게 치명적인 타격을 미쳤다. 그 결과 북한과 연계된 주사파 NL계열의 확장 기회로 작용했다. 경찰청은 1991년 8월 현재 공안당국에 의해 좌파 지하조직으로 규정되어 추적을 받고 있는 핵심 조직원이 모두 3천7백여 명에 달한다고 밝혔다. 전대협, 전민련 등 반공개조직을 제외하더라도 비공개 지하조직으로 활동하고 있는 좌파 세력이 학원가에 2천6백여 명, 노동계에 8백여 명, 재야종교사회단체에 3백여 명 등으로 파악됐다.남시욱, 2018 : 358

1991년 12월 NL계열의 좌파 민주주의민족통일전국연합전국연합은 전민련, 전교조, 전국농민회총연합전농협, 전대협 등 13개 부문의 재야운동단체와 8개 지역운동단체 등 모두 21개 단체가 참여한 해방 후 최대 규모의 시위를 벌였고, 이들은 반미, 양심수의 즉각 석방, 국가보안법의 철폐 등 친북 노선을 거리에서 외치고 다녔다.

이들 좌파 시민사회단체는 정치에도 직접 참여하여 영향력을 행사했다. 진보연합, 전국연합, 민주노총은 1997년 5월 민예총, 참여연대, 녹색연합 등 시민사회단체와 함께 대통령 선거에서 국민후보 추대 운동을 전개하여 민노당 권영길 후보를 지지했다. 한편, NL계열은 대중 정당을 통해 정권을 잡고, 미군 철수, 국가보안법 폐지 후 북한과 연방제 통일을 이룬다는 계획하에 1997년 대통령 선거에서 김대중을 지지했고, 김대중 정권이 들어서자 정치계에 북한 중심의 통일을 위한 진지를 구축하기 시작했다.

좌파 지식인 중심으로 1994년 창립된 참여연대는 신원이 확인된 전현직 임원 416명 중 36.2%에 이르는 150명이 청와대와 정부 고위직 및 산하 각종 위원회 위원 등 313개의 자리를 맡은 바 있다. 이들이 차지한 자리는 김영삼 정부 22개, 김대중 정부 113개, 노무현 정부 158개로 급증했다.남시욱, 2018 : 559 한편, 정부는 1999년 시민사회단체를 재정적으로 지원하기 위해 비영리민간단체지원법을 제정하였고, 행정자치부와 지방자치단체는 시민단체들에게 매년 150억원씩을 지원했다. 이로 인해 시민사회단체 수는 김대중 정부 아래서 폭발적으로 늘어났고, 노무현 및 문재인 정부를 거치면서 더욱 세력이 강화됐다.

이들 시민사회단체는 2002년 미군 장갑차에 의한 여중생 사망사건 사태, 2006년 한미 FTA, 2008년 광우병 사태 등을 빌미로 반미시위를 주도했고, 2016년과 2017년 미국의 사드 배치를 노골적으로 방해하여 한미관계와 한중관계를 악화시켰으며, 탈원전 정책 및 친

환경 에너지 정책을 수행함으로써 정부의 재정적자 및 에너지 문제를 일으키는 등 북한 노동당의 주장과 완전히 일치하는 행보를 보였다. 이처럼 좌파는 시민사회단체를 중심으로 견고하게 뿌리를 내리고 있다. 이러한 좌파 시민사회단체는 좌파 정치권의 영향력을 증가시키는 동시에 북한의 대남 전략·전술의 성공이기도 하다.

5. 지역 내 좌파

대한민국 좌파는 1980년 5월 광주민주화운동을 변곡점으로 신군부의 무력 진압을 미국이 묵인했다는 인식을 확산시키면서 운동의 방향을 반미로 맞추었다. 또한 광주민주화운동에 대해 절대적인 피해의식을 가지고 있는 호남 지역주민 및 호남 출신 주민에게 반미감정을 부추겼고, 이러한 반미 정서는 호남인들이 보유한 공동의 확고한 지역감정으로 발전되었다. 1980년대 노동운동 및 시민사회운동을 거치면서 성장한 국내 반보수 및 반미 성향이 NL계열과 세력을 공조하면서 자연스럽게 호남의 반미 지역정서 역시 NL계열이 주도하는 반미, 친중, 친북 노선과 합체되었다.

대한민국 좌파는 1980년 5월 광주민주화운동을 변곡점으로 운동의 방향을 바꾼다. 그동안 좌파는 대한민국의 여론을 감안하여 명시적으로 친북親北과 반미反美를 드러내지 않고, 반일과 반독재, 반군사정권에 초점을 맞추었다. 그러나 광주민주화운동에 대한 신군부의 무력 진압을 미국이 묵인했다는 인식을 확산시키면서 운동의 방향을 반미로 타겟을 맞추었다. 또한 광주민주화운동에 대해 절대적인 피해의식을 가지고 있는 호남 지역주민 및 호남 출신 주민에게 반미감정을 부추겼고, 이러한 반미 정서는 호남인들이 보유한 공동의 확고한 지역감정으로 발전되었다.

또한 1980년대 노동운동 및 시민사회운동을 거치면서 성장한 국내 반보수 및 반미 성향이 NL계열과 세력을 공조하면서 자연스럽게 호남의 반미 지역정서 역시 NL계열이 주도하는 반미, 친중, 친북 노선과 합체되었다. 이로써 호남 지역주민 및 다른 지역에 거주하는 호남 출신 시민들 다수가 스스로 좌파로 정체성을 확인하고 있고, 정서적으로 친좌파 정책을 지지하고 있다.

6. 정치권 내 좌파

대한민국 내 정치적 좌파 세력은 한국전쟁 이후 지하로 잠적했다. 1964년 1차 인민혁명당인혁당 사건, 1968년 통일혁명당통혁당 사건, 1974년 전국민주청년학생총연맹전민련 사건, 1976년 남조선민족해방전선준비위원회남민전 등이 대표적인 1960년대와 1970년대의 좌파 관련 사건이다. 1980년대 대한민국 좌파는 마르크스주의를 적극적으로 수용하여 공산당에 준하는 정치조직을 형성하기 시작했고, 1980년대 후반 민중의 당, 한겨레민주당, 민중당 등 좌파 정당을 창당했으나 원내 진입에 실패했다. 좌파 정당만의 제도권 정치 진입은 1998년 지방선거에서 시작됐고, 2003년 열린우리당 창당 이후 좌파 정치인이 정치권의 주류로 도약했다.

대한민국 내 정치적 좌파 세력은 한국전쟁 이후 지하로 잠적했다. 이승만 정부 하에서 좌파가 모두 불법화되어 체포되었기 때문이다. 1960년 4·19 이후 북한 정권이 통일을 위해 남북연방제 실시와 남북간 경제문화교류를 위한 남북협상을 제의하면서, 좌파는 민족자주통일중앙협의회^{민자통}를 결성하여 각 도 단위마다 지역협의회를 구성하여 민주, 민권, 통일운동을 전개하였다. 이를 계기로 각 대학에서 남북대화와 중립화 통일을 주장하는 공개적인 학생운동이 시작되고, 같은 해 11월엔 각종 좌파 운동단체들이 대중을 동원하는 시민운동으로 발전하였다.^{남시욱, 2018 : 209} 그러나 1961년 5·16 이후 군부 세력은 좌파 인사 일제 검거 작전을 개시하여 1주일 만에 2,014명, 그해 연말까지 전국적으로 3천5백 명을 체포하였고, 이들 중 216명은 혁명재판에 회부되어 133명이 사형, 무기, 징역 15년에서 3년의 장기형을 선고받았다. 이 결과 잔존 좌파 세력은 또다시 지하화했다.

하지만 1960년대와 1970년대에도 좌파 정치조직의 활동은 제한적이나마 지속되었다. 1964년 1차 인민혁명당^{인혁당} 사건[3]으로 언론인과 학생 41명이 검거되어 2명이 2~3년의 유죄판결을 받았다. 1968

---

3 2002년 9월 12일 노무현 정부의 의문사진상규명위원회는 인혁당 사건이 중앙정보부의 조작이라고 주장하였다.

년 북한의 자금 및 지령을 받고 월북해 조선로동당에 입당한 후 결성된 혁명조직인 통일혁명당통혁당 사건[4]으로 주범 1명이 사형당했다. 1974년 박정희 정부의 유신체제 반대운동이 본격화되면서 전국민주청년학생총연맹전민련 사건으로 1,024명이 영장 없이 체포되고, 이 중 253명이 군법회의 검찰부에 구속 송치되는 제2차 인혁당 사건[5]이 발생했다. 1975년 4월 8일 대법원 전원합의체에서 인민혁명당 재건위 사건의 상고가 기각되어 사건 관련자 23명 중 서도원 등 8명에게는 사형, 김한덕 등 7명에게는 무기징역, 나머지 피고인에게는 징역 15~20년의 중형이 확정되었고, 다음 날 사형판결을 받은 8명 전원에 대한 사형이 집행되었다. 1976년 무장혁명을 목표로 한 남조선민족해방전선준비위원회남민전[6]이 결성되어 반유신체제운동을 주도하다가 1979년 발각되어 검찰에 의해 84명이 구속당하고, 남민전은

---

4 통혁당 사건으로 주범 김종태가 사형당하자 김일성은 그에게 영웅 칭호를 수여하고, 해주사범학교를 김종태사범학교로 개칭하였다.

5 인혁당 사건에 대한 재심의 소는 사형집행 후 30년이 지난 2005년 12월 27일에 받아들여졌다. 2007년 1월 23일 서울중앙지법 형사합의23부는 피고인 8명에 대한 각종 혐의에 대해 무죄를 선고했고, 같은 해 8월 21일에 서울지방법원은 국가의 불법행위 책임을 인정하고 637억여 원(원금 245억여 원+이자 392억여 원)을 지급하라고 판결하였다.

6 2006년 3월 노무현 정부의 민주화운동보상심의위원회는 남민전 사건 관련자 중 29명을 민주화운동관련자로 인정했다. 남민전 주도자로 사형 선고를 받고 1981년 옥사한 이재문과 1982년 사형당한 신향식은 제외되었다.

강제 해산되었다.

1980년대 대한민국 좌파는 마르크스주의를 적극적으로 수용하여 공산당에 준하는 정치조직을 형성하기 시작했다.이성백, 2007 : 225. 1983년 9월 민주화운동청년연합민청년이 창립, 같은 해 10월 야당 정치인 및 재야인사들로 구성된 민주통일국민회의와 이듬해 하나로 통합하여 민주통일민주운동연합민통련으로 발전했다. 이들은 "한국 사회가 제국주의에 기반한 민족적 모순과 독점자본에 기반을 둔 군부파쇼세력의 계급적 모순이 중첩되어 있다"고 민청년이 규정한 노선을 따르며 반미반독재투쟁을 전개했다.남시욱, 2018 : 265 이들은 개헌 투쟁을 효과적으로 하기 위해 86년 3월 김영삼과 김대중이 이끌던 신민당과 함께 민주화를 위한 국민연락기구를 만들고 1천만 개헌 서명운동을 하기도 했고, 87년 5월 김영삼이 이끄는 통일민주당 및 다른 재야단체들과 함께 민주헌법쟁취국민운동본부를 발족하기도 했다. 민통련은 시일이 지나면서 일부는 김대중, 일부는 백기완, 일부는 김영삼을 지지해 분열하였고, 1990년 북한 측과 함께 조국통일범민족연합범민련을 결성했다.남시욱, 2018 : 270

좌파는 1980년대 후반부터 민중의 당, 한겨레민주당, 민중당 등 좌파 정당을 창당했으나 원내 진입에 실패했다. 1992년 전국연합은 14대 총선에서 민주 후보로 지명했던 6명은 국회의원으로 당선되었지만, 자체적으로 공천한 후보는 모두 낙선했다. 1992년 12월 실시된 제14대 대통령선거는 민자당 후보 김영삼의 승리하였고, 좌파가 지지한 백기완은 2만 8,638표를 획득, 유효투표의 1.0%를 득표하는 데 그쳤다. 1997년 15대 총선에서는 민중당 대표와 사무처장, 노동위원장이 김영삼의 신한국당 후보로 당선되어 원내로 들어갔다. 전국연합은 김대중의 민주당과 54개 항의 공동개혁정책과 개혁적 국정운영 방향을 합의하면서 1997년 15대 대선에서 김대중을 범민주 단일후보로 지지하기로 결정했다. 54개 항의 공동정책에는 선거제도의 개혁과 지방자치제의 전면 실시, 국가보안법과 집시법 등 반민주 악법 폐지, 군대의 민주화와 평화군축 및 조국 통일, 대외의존형 재벌경제에서 민생위주의 자립경제로의 전환 등이 포함되었다.남시욱, 2018:355

좌파 정당만의 제도권 정치 진입은 1998년 지방선거에서 이루어졌다. 1998년 지방선거에서 국민승리21과 민주노총은 49명을 공천하여 기초자치단체장 3명, 광역의원 2명, 기초의원 18명을 당선시켰다. 2000년 창당한 민노당은 2002년 지방선거에서 기초자치단체장 2명과 광역의원 11명선출 2, 비례대표 9명, 기초의원 32명의 당선자를 냈으며, 정당득표율 8.1%를 기록했다. 민노당은 2004년 17대 총선에서 지역구 2석, 비례대표 8석정당득표율 13.1%의 당선자를 냈다. 2000년 창당 당시 1만 1천여 명이었던 민노당 당원수는 2003년 1월 말 2만4천 명으로 늘어났고, 2004년 4월에는 4만8천 명으로 4배가 되었다.

2003년 노무현의 열린우리당이 창당되면서 좌파 정치인이 정치권의 주류로 도약했다. 열린우리당은 좌파 성향의 국회의원 47명이 주축이 되어 창당됐고, 2004년 제17대 총선에서 좌파 운동권 출신이 대거 합류하여 152석의 다수 정당이 되었다. 이들 중 NL계 전대협 출신이 10여 명, 86 운동권 출신은 55명에 달했다. 이들 좌파 정치인들은 열린우리당을 거쳐 2015년 문재인 대표의 주도로 당명을 더불어민주당으로 변경한 이후, 문재인 대통령 집권 및 그 이후까지 더불어민주당을 주도하고 있다.

한편, 확실하게 좌파 정체성을 드러내며 정치를 해오던 민노당은 북핵사건으로 인한 친북저자세와 일심회 간첩사건, 불법파업 동조, 급진적 경제 정책 때문에 인기가 급속도로 떨어지면서남시욱, 2018 : 552 2006년 지방선거에서 참패하고, 2007년 제17대 대통령 선거에서 민노당 후보는 득표율 3%로 추락했다. 이를 계기로 민노당을 이끌던 NL계열에 불만을 품은 PD계열이 탈당하여 진보신당을 창당함으로써 2008년 민노당이 분당되었다.

Part 3

대한민국 좌파의

현재와 미래

제5장 대한민국 좌파의 특징

1. 정치 이념

PD계열과 NL계열의 대한민국 극좌파는 자본주의의 장점은 전혀 고려하지 않은 채 자본주의의 단점을 강조하고, 사회주의의 우월성을 높이 평가한다. 이들은 평등을 절대적 가치로 여긴다. 정치적 평등뿐만 아니라 경제적 평등까지 모두 이루어야 한다고 믿는다. 좌파는 가진 자와 못 가진 자 간의 차별로부터 빈익빈 부익부의 악순환을 끊기 위해서는 개인의 사적 소유권이 공유화 또는 폐지되어야 한다고 주장한다. 자본주의가 자체적으로 붕괴할 때까지 기다릴 것이 아니라 의식 있는 프롤레타리아가 혁명을 주도하여 자본주의를 종식하여야 한다고 주장한다. 반면, 온건 좌파는 극좌파와 달리 절대적 평등, 사적 소유권의 폐지, 프롤레타리아 혁명의 필연성에 대해서는 다소 융통성 있는 태도를 보인다.

자본주의 비판

마르크스는 자본주의를 부정한다. 자본주의는 소수 자본가의 지배를 위한 체제로서 다수 대중은 영원히 자본가의 행복을 위한 도구로 살게 되기 때문에 반드시 해체되어야 한다는 것이다.

대한민국 좌파는 자본주의의 장점은 전혀 고려하지 않은 채 자본주의의 단점을 강조하고, 사회주의의 우월성을 높이 평가하는 공통점이 있다. 하지만 자본주의 체제를 극단적으로 부정하는가, 또는 자본주의 체제를 어느 정도 수용하는가에 따라 극단적 좌파와 온건 좌파로 분류할 수 있다. 즉 극좌파는 자본주의에 대해 절대적으로 없어져야 한다는 입장인 반면, 온건 좌파는 자본주의 체제 안에서 자본주의의 문제점을 비판하면서 사회주의의 장점을 강조한다.

자본주의 체제를 절대적으로 부정하면서 자본주의라면 모든 것을 비판하는 극좌파는 PD계열과 NL계열이다. PD계열은 다수 대중 계급의 기본적인 존엄성을 회복하기 위해서는 근본적으로 자본주의를 폐지하고, 이를 위해 대중에 의한 민중혁명이 일어나 자본주의를 혁파해야 한다고 주장한다. 반면, NL계열은 대한민국이 미국 제국주의에 의해 자본주의의 착취가 발생함에 따라 김일성의 주체사상을 받들어 인민민주주의혁명으로 미국 자본주의를 우선적으로 척결해야 한다고 주장한다. 이들은 PD계열이 주장하는 인민민주주의 혁명을 북한의 주도로 남한에서 대중혁명이 일어나 북한 체제로 흡수되는 것으로 해석한다.

온건 좌파는 PD 및 NL계열과 같이 집단화되어 있지 않다. 특정한 단체를 형성하지도 않아 특징을 한마디로 정리하기 어렵다. 자본주의 문제점을 보는 시각도 다양하고, 해결방안도 다양하다. 이들은 자본주의의 문제점에 대해서는 PD 및 NL계열과 같이 비판적인 목소리를 낸다. 그러나 이들은 자본주의 체제를 근본적으로 부정하지 않으면서 사회주의의 장점을 받아들이려고 한다. 대한민국의 성장을 위해서 때로는 재벌의 긍정적인 역할도 받아들이고, 경제성장이 이루어져야 대중의 복지를 증진할 수 있든 등 자본주의의 긍정적인 역할을 인정한다. 단, 물질적 풍요보다 인간의 존엄성이 우선되어야 하고, 부익부 빈익빈의 고리가 끊어져야 하며, 경쟁보다 상생이 우선이라며 자본주의 체제보다 사회주의 체제가 우월하다는 점을 강조한다.

평등 우선주의

　마르크스는 자유보다 평등이 더 중요한 가치라고 주장한다. 그는 평등한 세상이 이루어져야 모든 사람이 진정한 삶의 자기 결정권을 지니게 된다며 사회주의의 절대성을 강조한다. 그는 정치적 평등뿐만 아니라 경제적 평등까지 모두 이루어야 한다고 믿는다.

　정치적 평등은 자유주의에서 절대적 가치로 여기는 참정권, 즉 일인 일 투표one man, one vote에 그치지 않는다. 한 표를 행사하는 것을 넘어 일인 일 평등한 권리one man, one equal right까지 달성되어야 한다고 확신한다. 모든 사람에게 정치적 투표권 한 표가 평등하게 부여됐다고 해서 평등하게 정치적 권리가 보장되었다고 보지 않는다. 누구는 정치적 목소리가 크고, 누구의 정치적 목소리는 아무도 관심을 갖지 않는 것을 정치적 평등으로 볼 수 없다는 것이다. 따라서 모든 사람의 실질적 정치적 평등을 달성하기 위해서는 자유주의 체제에서의 일인 일 투표만으로는 불가능하고 사회주의 체제가 정착되어 모든 사람이 의사결정뿐만 아니라 정치적 전 과정에 참여하여 자기 목소리를 내야 하고, 국가가 대중의 참여를 적극적으로 보장해야 함을 강조한다. 사회주의 체제에서야만이 모든 사람의 참여 민주주의가 가능하다는 것이다.

경제적 평등은 모든 사람이 경제적 부를 똑같이 소유하는 것을 의미한다. 경제적 부가 평등하게 분배되지 않으면 더 가진 자와 덜 가진 자로 구분되어 결국 자본주의의 문제가 재현될 것이기 때문이다. 따라서 정통 마르크스 좌파는 기회의 평등과 같은 상대적 평등, 그리고 자유주의 체제하에서의 복지국가로도 만족하지 않고 완전한 경제적 결과의 평등만을 경제적 평등으로 인정한다.

대한민국 좌파는 자유보다 평등이 우선시되어야 한다는 공통 입장을 갖는다. 하지만 완전한 정치적·경제적 평등을 달성해야 하는가, 또는 평등의 상대적 가치를 수용하는가에 따라 극좌파와 온건 좌파로 구분된다. 극좌파는 정치적으로 대중의 참여를 보장하는 완전한 사회주의 체제와 경제적으로 완전한 경제적 결과의 평등을 주장한다. 반면, 온건 좌파는 정치적으로 일인 일 투표제를 인정하면서 다양한 대중의 목소리를 반영하는 참여 민주주의를 옹호하고, 경제적으로는 경제적 결과의 평등의 문제점 및 한계를 인정하지만 경제민주화 역시 필요하다고 목소리를 높인다.

완전한 정치적·경제적 평등을 실현할 것을 주장하는 극좌파는 정통 마르크스주의자인 PD계열과 김일성주의 주사파 NL계열이다. PD계열은 정치적 평등과 경제적 평등 모두가 실현되지 않고는 지배자와 피지배자라는 계급이 사라지지 않을 것이고, 계급이 사라지지 않는 한 절대다수인 대중의 인간적 존엄성, 자기 결정권, 행복을 담보할 수 없다는 입장이다. 반면, NL계열은 미국의 자본가 및 국내 매판자본가에 의해 남한 사회의 정치적 평등과 경제적 평등을 이룰 수 없는 만큼 미국 제국주의 세력과 국내 재벌 및 비호세력을 해체해야 한다고 주장한다. 즉 정치적·경제적 평등을 실현하기 위한 전제로 반미를 부르짖고, 북한식 인민민주주의 실현을 목표로 한다.

온건 좌파의 스펙트럼은 다양하다. 정치적으로 참여 민주주의의 실현을 위해 선거 범위의 확대, 지방자치의 확대 실시, 직접 민주주의 확산을 위한 실질적인 주민참여의 실시 및 확대, 시민사회단체의 적극적 활동을 지지하기도 하고, 정책토론회의 정착을 제안하기도 한다. 경제적으로는 기회의 평등을 추구하기 위해 재벌의 통제, 중소기업의 지원 확대 등 경제민주화를 위한 각종 조치를 제안하면서 모든 사람이 경제적으로 부를 축적할 수 있는 기회의 평등을 이루고 복지국가를 지향하여 사회주의의 이상을 현실화할 것을 촉구한다.

생산수단의 공유화

마르크스는 개인의 재산 소유를 부정한다. 그는 생산수단의 공유화를 절대적 가치로 여긴다. 따라서 공동소유, 공동생산, 공동소비 등 생산수단을 공유화를 주장한다. 가진 자와 못 가진 자 간의 차별로부터 빈익빈 부익부의 악순환을 끊기 위해서는 개인의 사적 소유권이 폐지되어야 한다는 것이다.

대한민국 좌파 역시 생산수단의 공유화를 선호한다. 다만, 극좌파와 온건 좌파의 시각은 사적 소유권을 인정하지 않느냐, 인정하느냐에 따라, 그리고 경제적 생산성의 중요성을 인정하지 않느냐, 경제적 생산력을 인정하느냐에 따라 구분된다. 즉 극좌파는 부의 사적 소유권을 인정하지 않고, 경제적 생산력의 중요성 역시 인정하지 않는다. 반면, 온건 좌파는 기본적인 사적 소유권 및 경제적 생산력의 중요성도 긍정하면서 공적 가치가 있는 핵심 산업에 대한 국유화의 필요성을 주장한다.

극좌파, 즉 PD계열과 NL계열은 근본적으로 부의 사적 소유권을 인정하지 않는다. 이들은 부의 사적 소유권에 의해 사람은 한없이 물질을 소유하려는 욕망을 키움으로써 자본주의적 경쟁을 생활화하였고, 이로써 불행을 자초했다고 비판한다. 부의 사적 소유권을 폐지하고, 생산수단을 공유하면 인간의 탐욕을 제어함으로써 개인 간의 자본주의적 경쟁이 사회적 협력으로 전환될 것으로 생각하는 것이다. 한편, 이들은 경제적 생산성의 가치를 전혀 인정하지 않는다. 오히려 경제적 생산성을 자본주의 발전을 촉진하여 모순을 증폭시킨 악의 주범으로 이해한다. 경제적 생산력과 행복은 전혀 관계가 없는 것으로 판단하기 때문이다. 즉 이들 극좌파는 사적 소유권 철폐와 생산수단의 공유화를 목표로 삼고, 행복을 위해서는 경제발전은 불필요하고 따뜻함과 배려를 통한 인간 간의 협력이 중요하다고 강조한다.

극좌파와 달리 온건 좌파의 가장 큰 특징은 부의 사적 소유권을 기본적으로 인정한다는 점이다. 이들은 생산수단이 공유화된 공동생산, 공동소비 체제는 경제적 생산성을 위축시킴으로써 행복한 삶을 어렵게 할 것이라고 우려한다. 경제적 번영이 필연적으로 행복을 보장하지는 않겠지만 경제적 번영 없이 행복을 추구하기도 쉽지 않기 때문이다. 하지만 온건 좌파 역시 일부 사적 소유권의 제한 및 생산수단의 공유화를 적극적으로 찬성한다. 소수에 의한 부의 독점, 대기업의 문어발식 확장 등 완전한 부의 사적 소유권 인정이 결코 국가 경제발전에 도움이 되지 않을 뿐만 아니라 국민 간의 갈등 및 위화감을 불러일으키기 때문이다. 국가 핵심 산업을 독점 기업이 소유하게 되면 국민 생활필수품의 가격 인상을 막을 수 없는 등 공익보다 사익이 앞서게 되어 국민의 전체 행복이 감소하게 된다는 것이다. 온건 좌파는 사적 소유권 및 생산수단의 공유화 이슈에 있어서는 정통 마르크스 좌파와 다소 다른 입장을 보인다. 즉 온건 좌파는 사적 소유권을 인정하되 무분별한 사적 소유권을 제한하기 위해 일부 생산수단을 공유할 필요가 있다는 데 역점을 둔다.

사회주의혁명의 필연성

마르크스는 프롤레타리아가 중심이 된 대중혁명이 일어나 자본주의 체제를 타도하고 사회주의 체제를 조속히 뿌리내려야 한다고 주장한다. 그는 대중혁명을 위해 전세계 노동자의 단결을 촉구했다. 그리고 대중혁명의 세계적 확산을 위해서 만국의 노동자가 의식화되어 단결함으로써 전세계의 사회주의혁명이 조속히 달성되기를 기원했다.

이에 따라 대한민국 극좌파는 사회주의 대중혁명을 최우선의 전략과제로 삼는다. 결국 사회주의혁명을 완수해야 그들이 원하는 세상을 이룰 수 있기 때문이다. 이에 따라 폭력시위와 같은 모든 수단과 방법을 동원해서라도 사회주의혁명을 완수하려고 한다. 반면, 온건 좌파는 자본주의 체제보다는 사회주의 체제를 선호하지만 사회주의혁명이 반드시 이루어져야 한다고 보지는 않는다.

PD계열과 NL계열의 극좌파는 사회주의혁명 완수를 목표로 총력을 다한다. 시위, 파업, 폭력, 테러 등 사회주의혁명 달성을 위해 수단과 방법을 가리지 않는다. 큰 악인 자본주의 체제를 물리치기 위해서는 작은 악을 수행할 수밖에 없다고 합리화한다. 다만 사회주의혁명 완수를 위한 전략적 방법론은 두 계열 간 차이를 보인다. PD계열은 대한민국 내 사회주의혁명이 성공하기 위해서는 사회주의혁명에 동조하는 세력이 확보되어야 하고, 세력 확보를 위해서는 프롤레타리아의 계급 의식의 확산, 즉 대중에 대한 사회주의 의식화가 이루어져야 한다고 주장한다. 따라서 이들은 각계각층의 다양한 분야에서 사회주의 이념 확산을 위한 의식화 작업을 수행하고 있다. 반면, NL계열은 사회주의혁명 완수를 위해서는 한편으로는 미국 제국주의와 매판자본가를 축출하고, 다른 한편으로 대중의 의식화 방법으로 김일성 주체사상을 도입하여 김일성의 영도를 따라야 한다고 주장한다. 주체사상의 학습과 더불어 반미와 대기업에 대한 파업 등이 우선적인 전략과제이다.

반면, 온건 좌파는 사회주의에 대해서는 우호적이지만 사회주의혁명 완수를 위한 폭력행사에는 동조하지 않는다. 자본주의의 문제점을 개선하기 위해 자본주의를 비판하는 측면에서 PD계열의 사회주의 사상 의식화는 동조하지만, 사회주의혁명을 위해 폭력 등과 같은 수단을 동원하는 것에는 찬성하지 않는다. 같은 민족으로서 경제사정이 어려운 북한을 도와야 하고, 미국의 패권을 반대하며, 대기업의 횡포를 견제하는 등의 측면에서는 NL계열의 노선을 따르기도 한다. 그러나 김일성 주체사상의 영도 하에 주체사상을 학습하여 북한의 통일전략전술을 따르지는 않는다.

프롤레타리아 독재에 의한 인간해방

마르크스의 프롤레타리아 독재는 자본주의 체제를 완전히 폐지하고, 진정한 사회주의 체제가 정착될 때까지 과도기에 국정을 담당하는 독재 권력을 지칭한다. 원칙적으로 프롤레타리아 독재는 일반대중에 의해 독재 권력이 부여된 권력 담당자라는 의미이지만, 실제로는 프롤레타리아 혁명을 주도한 세력이 독재 권력을 쥐고 국가를 통치하는 것을 의미한다. 현실적으로 러시아혁명이 완수된 후 혁명을 이끈 레닌과 볼셰비키가 독재 권력을 담당했고, 중국에서는 공산화 이후 마오쩌둥과 중국공산당, 북한에서는 김일성과 노동당이 독재 권력을 휘둘렀다. 특히 공산화된 모든 국가에서는 공통으로 1인이 독재 권력을 쥐고 1인이 주도하는 체제를 만들어 나갔다.

이들은 대중의, 대중을 위한 국가 체제를 정착한다는 목표하에 자본주의 정책을 폐지하고 대중 친화적 정책을 추진하였다.

대한민국 좌파는 모든 권력 주도자가 대중 친화적 정책을 추진해야 한다는 데 한목소리를 낸다. 권력 담당자가 분야를 막론하고 적극적으로 개입하여 자본가 친화적 자본주의 체제를 대중 친화적으로 개혁해야 하고, 대중 친화적 정책을 추진하는 정권이라면 지지할 것이라고 외친다. 하지만 프롤레타리아 독재에 대해서는 극좌파와 온건 좌파의 입장은 다르게 나타난다. 극좌파는 정통 마르크스의 이론을 충실하게 받아들인다. 이들은 사회주의 체제를 집행한 이후에 결과가 긍정적이든, 부정적이든 사회주의 체제로의 개혁을 적극적으로 지지한다. 반면, 온건 좌파는 대중 친화적 정책이라고 해서 모든 사회주의 정책을 선호하지는 않는다. 이들은 정책 수행 결과, 생산성이 낮은 실패한 정책에 대해서는 지지를 철회한다.

정통 마르크스 좌파는 프롤레타리아 혁명 후에는 프롤레타리아 정부에 의한 독재 권력에 의해 인간해방을 위한 사회주의가 완수되어야 한다는 것을 전제로 프롤레타리아 혁명 전에도 모든 국가 정책 및 사업을 수행할 때 정권 담당자가 개입하여 대중을 위해 정책 및 사업을 추진하여야 한다고 굳게 믿는다. 이들은 정권 담당자가 대중을 위한 정책 또는 사업을 수행한다면 결과의 성패에 연연하지 않고 정권 담당자에게 적극적으로 지지를 보낸다. PD계열과 NL계열 등의 대한민국의 극좌파는 모두 기본적으로 이러한 정통 마르크스 좌파와 같은 태도를 보인다. 하지만 NL계열은 PD계열과 달리 독특한 접근방법을 취한다. NL계열은 대중 친화적 정책 수행보다 김일성 주체사상의 영도에 따라 반미와 반기업, 반정부 투쟁을 더 우선적인 과제라 선언하고, 이를 실행에 옮기고 있다.

한편, 온건 좌파는 정권 담당자인 정부가 기본적으로 대중을 위한 정책 및 사업을 추진하는 것에 대해 찬성하지만, 정책 및 사업의 결과에 대한 평가는 이루어져야 한다는 입장을 보인다. 대중을 위한다고 해서 모든 정책 및 사업을 추진하는 것은 옳지 않으며, 대중을 위한 정책 및 사업 역시 결과가 생산성 측면에서도 긍정적일 필요가 있다는 것이다. 즉 이들은 장기적으로 국가 발전에 부정적인 정책은 표면적인 목표가 정당하더라도 옹호하지 않는다. 또한 온건 좌파는 프롤레타리아 혁명에 대해서도 근본적으로 거부할 뿐만 아니라 프롤레타리아 독재 역시 지지하지 않는다. 즉 프롤레타리아 혁명은 폭력을 수반하기 때문에 합법적이지 않고, 프롤레타리아 독재 역시 명분은 그럴듯하지만 독재가 합법화될 수 없다는 취지이다.

2. 정부 정책

대한민국 좌파는 정치 분야에서 대중의 평등한 정치적 참여가 실현되어야 하며, 정부 역시 대중의 정치적 참여를 적극적으로 장려해야 한다고 주장한다. 외교 분야에 있어서는 자기 결정권 강화를 주장하면서 반일 및 반미와 친중 및 친북을 강조한다. 경제 분야에서는 자본주의를 폐지하기 위해서 재벌의 폐지, 기업에 대한 규제, 주요 산업의 국유화, 토지공개념 도입, 부자 증세, 종합부동산세 세율 인상 등 경제적으로 가진 자의 부를 정부가 회수하는 정책을 지지하는 한편, 부의 평등을 달성하기 위해서 소득 주도 성장, 기본 소득제, 일자리 창출, 비정규직의 정규직 전환, 정년 연장, 최저임금 인상, 근로시간 단축 등을 선호한다. 사회 및 교육 분야에서는 사회적 약자를 보호하기 위해 아동수당 인상, 건강보험 범위 확대, 청년 및 노인 일자리 정책 추진, 기초연금 인상 등 복지정책을 확대, 노동조합의 기업 경영 참여권 보장 및 파업권 확대 등 친노동정책, 교육 평준화를 위한 사교육 금지, 특목고 및 자사고 폐지, 교사 평가 금지, 전교조 권한 강화 등 평등권을 외친다.

정치 분야

마르크스는 사회주의 체제에서는 모든 사람의 정치적 평등을 달성하기 위해 대중에 의한 참여 민주주의가 수행될 것이고, 사회주의가 완성되기 전인 프롤레타리아 독재에서는 권력 담당자의 주도로 대중의 정치적 권한을 증가시켜야 한다고 했다. 이런 관점에서 좌파는 사회주의 체제가 완수되기 전에도 권력 담당자인 정부가 주도적으로 대중의 정치적 참여를 증진할 것을 주장한다.

따라서 대한민국 좌파는 기본적으로 대중의 평등한 정치적 참여가 실현되어야 하며, 정부 역시 대중의 정치적 참여를 적극적으로 장려해야 한다고 주장한다. 이러한 관점에서 좌파는 다양한 대중의 참여를 이끄는 참여 민주주의, 대중과의 활발한 소통을 위한 각종 토론회, 시민사회단체의 참여, 대중이 직접 정책을 결정하는 숙의 민주주의, 분권 및 지방자치의 확대 등에 대해 관심이 높다. 또한 좌파는 대중이 직접 자기 목소리를 내는 대중 집회 및 시위에 적극적으로 가담하고, 정부에 대해서도 집회 및 시위를 막을 것이 아니라 장려해야 한다고 주장한다. 그리고 대중의 적극적인 정치참여를 위축시킬 가능성이 높은 검찰, 경찰, 국정원 등 권력기관의 독립 및 권력 약화를 지속적으로 주장한다.

그러나 좌파는 참여 민주주의의 문제점에 대해서는 철저히 함구한다. 대중에 의한 직접적인 참여 민주주의 결과 특정한 세력이 이익을 나누고, 전문가의 배제와 비전문가의 결정에 의한 비효율성 증가 및 정부 재정이 낭비되고 국정 방향이 혼미해지며, 숙의 민주주의 확대에 의해 대표권 없는 시민단체의 권력 강화와 그에 따른 신흥 이권 세력이 강화되는 등의 사회적 문제는 일시적이고 부분적 문제로 치부하며 관심을 두지 않는다. 심지어 과격한 집회와 시위에 의한 손실 역시 겪어야 할 과정이라며 정당화하고, 권력기관의 약화로 인한 부작용에 대해서도 눈을 감는다.

외교 및 대북 분야

마르크스는 모든 사람이 자기 운명에 대한 결정권을 가져야 하며, 이에 장애가 되는 모든 외부 세력이 배제되어야 한다고 했다. 이런 관점에서 좌파는 외교 분야에서 한민족의 자기 결정권을 침해하는 모든 외세를 배격해야 한다고 주장한다.

이에 따라 대한민국 좌파는 외교 분야에 있어서 기본적으로 마르크스의 자기 결정권 강화를 받아들인다. 하지만 대한민국 좌파는 일제강점기와 한국전쟁이라는 특수한 상황을 고려하여 자기 결정권을 외세배격에 초점을 맞추어 반일 및 반미를 강조한다. 반일은 일본 정부가 받아들이기 어려운 과거사 문제에 대한 반성과 사과, 그리고 배상을 요구하며 일본과의 외교 정상화 자체를 부정한다. 이승만 정부가 출범부터 친일파 청산이라는 민족적 과제를 간과했을 뿐만 아니라 친일파를 적극적으로 정부 요직에 등용했다며 대한민국의 정통성을 부정한다. 대한민국은 해방 이후 미국 제국주의를 받아들여 미국 자본주의와 재벌이 대중을 착취하고 소외시키고 있다며 대한민국의 실질적 해방을 위해서는 미국 제국주의를 우선적으로 타도해야 하며, 반미감정을 부추긴다.

또한 전체 한민족의 자주권을 증가하기 위하여 당연히 친일파를 척결하고 미국과 전쟁을 불사하면서 미국 자본주의를 척결하고 민족의 자기 결정권을 지킨 북한에 대해서 감사한 마음으로 북한의 리드와 지도를 따라야 할 것을 강조한다. 한국전쟁 당시 자주적인 북한에 도움을 준 중국과의 관계 역시 우호적일 필요가 있다고 주장한다.

대북 관계에 있어서는 철저하게 북한의 입장을 고려하면서 경제적으로 어려운 북한에 도움을 주려고 노력한다. 남북 관계 개선을 명분으로 햇볕 정책을 고수하고, 이를 위해 금강산 관광 및 개성공단 사업을 추진하여 북한에 대해 경제적 지원을 아끼지 않는다. 북한 핵 문제에 있어서는 북한의 자위권을 인정하는 반면, 대한민국의 핵무장 및 군비 확대는 평화 및 남북화해에 장애가 된다는 명분으로 반대한다. 평화 및 화해의 입장은 사드 배치 반대, 군복무 단축으로 이어지고, 북한과의 관계 개선을 명분으로 국가보안법 국정원의 대공수사권 폐지를 주장한다.

그러나 좌파는 미국 및 일본과의 관계 결과에 대한 이점과 북한 및 중국에 대한 문제점에 대해서는 언급을 회피한다. 미국과 일본과의 정상적인 관계없이는 지금과 같은 대한민국의 발전이 불가능하다는 점, 대한민국 국민이 북한 인민보다 비교되지 않을 정도의 정치적 자유와 경제적 혜택을 누리고 있다는 점을 애써 무시한다. 이승만 정부뿐만 아니라 북한 김일성 정부 역시 일제강점기 시절의 전문가를 등용했고, 북한 및 중국의 인권, 대중의 삶의 질에 대해서는 일절 말하지 않는다. 동시에 금강산 관광객 피살, 천안함 폭침, 핵무기 개발 등에 대해서도 북한의 입장에서 사실을 호도하거나 논란을 회피한다.

경제 분야

마르크스는 자본주의 체제로 인해 절대다수인 대중이 노예와 같은 생활을 하는 반면, 소수 자본가는 절대적 부를 누린다고 비판하면서 자본주의 체제는 폐지해야 한다고 주장했다. 또한 모든 사람이 자신의 존엄성을 지키며 살기 위해서는 경제적 평등이 반드시 이루어져야 할 가치임을 강조했다.

이에 따라 대한민국 좌파는 자본주의를 폐지하고, 모든 사람의 경제적 평등을 위한 다양한 경제정책을 지지한다. 이들은 자본주의를 폐지하기 위해서 재벌의 폐지, 기업에 대한 규제, 주요 산업의 국유화, 토지공개념 도입, 부자 증세, 종합부동산세 세율 인상 등 경제적으로 가진 자의 부를 정부가 회수하는 정책을 지지한다. 동시에 이들은 경제성장을 어렵게 하는 정책을 다양한 이유로 밀어부친다. 예를 들어, 환경보호를 이유로 탈원전 정책을 지지하고, 태양광 및 재생에너지 정책을 지지한다. 또한 이들은 부의 평등을 달성하기 위해서 소득 주도 성장, 기본 소득제, 일자리 창출, 비정규직의 정규직 전환, 정년 연장, 최저임금 인상, 근로시간 단축 등 가지지 못한 자를 위한 다양한 정책을 도입, 강화할 것을 주장한다.

그러나 좌파는 자본주의, 즉 경제의 흐름을 방해하는 그들의 정책을 추진하게 되면 경제의 왜곡으로 인해 오히려 못 가진 자의 경제적 어려움이 가중된다는 비판에는 침묵한다. 경제성장을 위한 개발 역시 다양한 이유로 반대한다. 심지어는 경제적 평등을 위한 경제적 어려움이 상대적 빈곤보다 우월하다며 되받아친다. 부의 평등을 위해 저소득자를 지원하는 다양한 경제 정책이 국가재정을 악화하여 결국 정책을 지속하기 어려우며, 거시적으로 경제성장을 방해하여 빈익빈 부익부 현상을 부채질한다고 해도 이들은 저소득자의 권익이 보호되어야 하고, 자본주의적 경제성장에는 절대 찬성하지 않는다.

사회 분야

마르크스는 모든 분야에서 모든 사람은 평등하게 취급받아야 한다고 강조한다. 이러한 관점에서 좌파는 사회주의 체제가 완성되어 모든 사람이 평등해지기 전인 자본주의 체제에서도 정권 담당자가 사회적 약자를 정책적으로 보호함으로써 모든 사람이 평등해지도록 정책을 추진해야 한다고 주장한다.

이에 따라 대한민국 좌파는 사회적 약자를 보호하기 위해 아동

수당 인상, 건강보험 범위 확대, 청년 및 노인 일자리 정책 추진, 기초연금 인상 등 복지정책을 확대할 것을 주장한다. 또한 노동조합의 기업 경영 참여권 보장 및 파업권 확대 등 친노동정책, 교육 평준화를 위한 사교육 금지, 특목고 및 자사고 폐지 등 학생 능력 강화를 위한 교육을 반대한다. 더욱이 교사 평가 금지, 전교조 권한 강화 등 교육에 있어서의 평등권을 외친다.

그러나 좌파는 사회적 평등이 개인의 자생력을 약화한다는 비판을 받아들이지 않는다. 복지정책 확대로 인해 정부 재정의 고갈과 국가 경제의 후퇴에 대해서는 당연한 것으로 넘어간다. 교육 평준화가 학생의 능력 저하로, 교사 평가 금지 및 전교조의 권한 확대가 교사의 능력 저하로 이어진다는 비판에는 오히려 자본주의적 발상이라며 반박한다.

3. 좌파의 장점

대한민국 좌파는 자본주의의 폐지, 사회주의혁명을 통한 사회주의 체제 완성이라는 뚜렷한 논리적인 목표를 가진다. 좌파는 인간의 심성은 본질적으로 선善하다는 휴머니즘을 전제로 강자가 약자를 돕는 것이 당연하고, 약자를 돕지 않는 강자는 비판받아야 한다고 주장한다. 정치 및 경제적 특권을 누리는 소수 자본가의 권리를 빼앗아 그동안 권리를 빼앗긴 다수 대중에게 돌려주어 모든 사람 동등한 권리를 누리며 사는 존엄한 세상을 만들자고 한다. 대한민국 좌파는 일제강점기를 거치면서 지식인층을 시작으로 좌파 이데올로기를 받아들였고, 해방 후 여론을 이끄는 지식인층과 대학을 중심으로 생성되고, 이들이 지식을 양산하는 동시에 토론하면서 문화적 이슈를 선점하였다. 또한 좌파에 우호적인 정부에서 다양한 분야에서 의식화 작업을 통해 좌파의 장점과 매력을 홍보하면서 세력을 확장했다.

뚜렷한 목표

마르크스는 모든 사람이 억압으로부터 해방되어 자기가 원하는 삶을 행복하게 사는 세상을 만드는 것을 목표로 한다. 그러나 현재 상황, 즉 자본주의 체제하에서는 모든 사람이 행복하게 살 수 없다고 비판한다. 자본주의 체제는 경쟁을 바탕으로 자본가가 권력과 경제력을 독점하고 대중은 빈곤의 늪에 빠지는 부익부 빈익빈을 가속화 함으로써 계급 간의 불평등을 조장한다는 것이다. 따라서 그는 자본주의 체제를 폐지하고 사회주의 체제를 정착시켜 모든 사람의 정치적, 경제적 평등을 실현하여 절대다수 대중의 정치적, 경제적 권리를 회복하자고 외친다. 이를 위해서 자본주의와 사회주의 체제에 대한 현실을 인식하지 못하는 대중을 의식화하고 단결시킬 것을 주장했다.

대한민국 좌파는 이와 같은 마르크스 주장을 그대로 받아들인다. 이에 따라 좌파는 자본주의 폐지와 사회주의 완수라는 뚜렷한 목표를 지향한다. 좌파의 전략적 목표 역시 뚜렷하다. 자본주의의 폐지와 이를 위한 자본가 축출, 정치적·경제적 평등 추구, 대중의 권리 회복, 그리고 대중의 의식화를 통한 사회주의 혁명 완수 등이다.

마르크스가 자신의 이론이 과학적이라고 한 바와 같이 좌파의 주장은 매우 논리적이다. 논리적이어서 설득력이 높다. 그러니 일제 강점기 지식인들이 쉽게 좌파 이데올로기에 빠졌다. 민족의 어려운 처지를 논리적으로 설명하고, 분명한 대안을 제시하면서 희망을 주며, 목표 달성을 위한 전략적 방법까지 제시하고 있기 때문이다. 그 결과 한반도 남과 북, 중국과 러시아에서 독립운동을 하던 선각자와 이주민 가리지 않고 글을 읽을 줄 아는 한국인은 대다수 마르크스 좌파이거나 최소한 우호적 입장을 취했다. 해방 이후에도 남과 북을 막론하고 좌파 세력이 컸던 것도 같은 이유이다. 남한에 우파 정부가 수립된 이후 좌파를 불법화했음에도 좌파 세력이 끊이지 않고 지하에 잠복하다가 좌파가 활동하기에 유리한 시점에서 다시 나타나기를 반복하는 것도 좌파의 태생적인 뚜렷한 목표와 논리성, 과학성에 기인한다.

휴머니즘

마르크스는 모든 사람의 심성이 선하고, 모든 사람이 세상의 주인으로서 행복할 권리가 있다고 선언한 것만으로도 휴머니스트로 칭송된다. 그는 인간의 심성을 본질적으로 선善하다고 전제하며 자신의 이론을 설계했다. 그는 사회주의 체제하에서는 모든 사람이 "능력에 따라 일하고, 필요에 따라 소비"할 것이라고 했다. 이 말은 능력이 있는 사람은 일하는 데 따른 보상이 자신에게 돌아오든 말든 일할 것이고, 소비하는 사람 역시 물질에 대한 과욕을 부리지 않을 것임을 전제로 한다. 사람은 모두 물질적 욕심을 부리지 않고, 타인을 도와줄 것이라는 휴머니즘에 기반한다.

대한민국 좌파 역시 사회주의가 휴머니즘을 추구한다는 입장에서 활동한다. 강자는 약자를 돕는 것은 당연하고, 약자를 돕지 않는 강자는 도태되어야 한다는 것이다. 따라서 저소득자, 아동, 청년, 여성, 장애인, 노인 등 사회적 약자를 정책의 우선순위에 두어야 한다는 좌파의 논리는 매우 설득력이 있다.

실제로 좌파 중에는 자신도 어려운 처지에 있음에도 불구하고 자신보다 더 어려운 사람을 돕기 위해 희생을 감내하는 미덕을 보이는 사람이 많다. 더 나은 세상을 만들기 위해, 더 따뜻한 사람이 되기 위해 능력이 닿는 데까지 이웃을 돕는 선善을 행하는 사람이 있기에 마르크스의 휴머니즘이 설득력이 있다. 이에 따라 중립적 이데올로기를 가진 사람뿐만 아니라 심지어 우파까지도 좌파는 휴머니즘에 기반하고 있다는 매력을 인정한다.

대중 친화성

마르크스는 프롤레타리아, 즉 대중의, 대중에 의한, 대중을 위한 국가사회를 창설해야 한다고 외쳤다. 정치 및 경제적 특권을 누리는 소수 자본가의 권리를 빼앗아 그동안 권리를 빼앗긴 다수 대중에게 돌려주자는 것이다. 모든 사람 동등한 권리를 누리며 사는 존엄한 세상을 만들자고 외쳤다.

대한민국 좌파는 대중을 위한 세상을 만들기 위해서 그동안 자신의 권리를 제대로 행사하지 못해온 대중이 자신의 권리를 되찾아야 하는 것은 당연한 역사적 순리라고 주장한다. 이를 위한 기본적인 전략과제 중 하나는 정부가 정치, 경제, 사회, 문화 등 모든 부문에서 대중에게 유리한 정책을 수행하는 것이다.

주권자인 절대다수 대중을 위한 정책을 수행하는 것은 절대적으로 옳다. 대중이 원하는 것을 수행하는 것이 민주주의이다. 대중이란 사회적 약자를 위해 국가권력을 사용해야 한다는 논리를 반대할 명분도 없다. 이에 따라 대중 친화적인 정책 추진을 주도하는 좌파의 명분이 여론을 주도해왔다.

문화적 이슈 선점

대표적인 사회주의자인 그람시^{Antonio Gramsci}는 사회주의 좌파의 확산을 위해 문화적 헤게모니를 장악할 필요가 있다고 주장했다. 이에 따라 좌파는 대중에 대한 선전 및 선동을 위해 해당 국가사회의 각종 사건·사고를 포함한 다양한 이슈를 선점하는 데 주력하고 있다.

일제강점기 대한민국 좌파가 사회주의 이데올로기 확산을 위해 독립운동과 사회주의의 반제국주의를 동일시 하고 이슈를 선점하려는 것은 그람시의 문화적 헤게모니 장악과 같은 논리이다. 좌파가 민족 우선, 외세 배격, 평화, 참여 민주주의, 시민사회, 숙의 민주주의, 지역 균형발전, 일자리, 노동, 교육, 환경, 여성 등 이데올로기를 떠나 중립적인 사회적 이슈를 제기하는 것은 문화적 헤게모니를 장악하여 사회주의를 확산하려는 노력의 측면으로 볼 수 있다.

특히 대한민국 좌파는 일제강점기를 거치면서 지식인층을 시작으로 좌파 이데올로기를 받아들였다. 해방 후 이승만 정부와 박정희 정부를 거치면서 좌파 이데올로기는 대학을 중심으로 확산되었다. 1970년대와 80년대를 거치면서 서적을 비롯한 다양한 출판물이 출간되고, 사회적 이슈가 논의되며, 새로운 문제에 대한 토론 문화가 정착되면서 좌파 이데올로기가 급격히 확산되었다.

좌파 이데올로기가 여론을 이끄는 지식인층과 대학을 중심으로 생성되고, 이들이 지식을 양산하는 동시에 토론하면서 문화적 이슈를 선점함으로써 대한민국에서 논의되는 대부분의 이슈를 좌파가 주도하게 되었다. 대부분의 이슈에 대해 좌파는 논리적으로 할 말이 있다. 그리고 논의에 가담하는 대부분은 좌파 논리에 익숙하다.

세력화

마르크스는 《공산주의 선언Communist Manifesto》에서 사회주의혁명 완수를 위해 "만국의 노동자여 단결하라"고 주문했다. 좌파끼리는 국내뿐만 아니라 국제적으로도 서로 협력하여야 그들의 세상을 앞당길 수 있기 때문이다. 따라서 좌파는 공동의 적인 자본주의를 타도하기 위해 분야를 뛰어넘어 상호 협력한다. 좌파는 뚜렷한 목표를 달성하기 위해 행동이 일사불란하고, 적과 아군의 구분이 분명하다. 적은 자본가이고, 아군은 좌파와 대중이다. 따라서 좌파는 특별한 이유가 없는 한 혈연, 지연, 학연, 종교 등의 차이에도 불구하고 국내뿐만 아니라 국제적으로 상호 간 신뢰를 바탕으로 협력한다.

특히 대한민국 좌파는 이승만 정부부터 김영삼 정부 시대까지 지하 활동, 좌파에 우호적인 정부에서는 적극적인 활동을 통해 꾸준히 의식화 작업을 거치면서 출판, 방송, 영화, 연극 등 각종 대중매체에서 다양한 이슈를 선점해왔다. 이 결과 1980년대 이후에는 좌파 성향의 서적이 우파 성향의 서적을 압도했고, 각종 연화와 연극에서도 좌파 성향의 주제가 대부분이었다.

대중매체와 문화계에서의 공급이 증가한 만큼 수요자 역시 증가했고, 수요가 늘면서 공급이 더욱 증가했다. 이 결과 좌파가 대중매체와 문화계의 주류가 되었다. 더불어 각종 이슈도 좌파 이데올로기에 의해 판단되고, 평가되었다. 대중매체와 문화계가 좌파에 접수되면서 정치, 경제, 사회 등 다른 분야에서의 다양한 이슈 역시 좌파의 시각만이 주류로 살아남게 되었다. 좌파 세력이 대한민국의 이슈를 점령함으로써 세력이 확장되었고, 좌파의 영향력이 증가하였다.

4. 좌파의 문제점 및 한계

좌파는 좌파 이데올로기 이외의 그 어떤 생각과 논리도 허용하지 않는다. 자본주의는 모두 척결해야 하고, 사회주의는 모두 정당하다는 흑백논리뿐이다. 경제적으로는 결코 대중의 삶의 질을 개선하지 못했고, 대중의 삶의 질을 현저하게 낙후시켰다. 정치적으로 사회주의 독재체제는 일반대중의 자유를 억압하고, 비판을 철저하게 차단할 뿐만 아니라 비판하는 사람은 철저히 숙청했다. 좌파는 권력을 잡은 이후 대중을 위한다는 명분 아래 신기득권층을 형성하며 사리사욕을 채웠다. 좌파는 사회주의 체제 확립 이후의 미래는 없다고 선언함에 따라 미래 비전도 정책도 제시하지 못한다.

다양성 배제

좌파는 자본주의 타도와 사회주의 완수라는 뚜렷한 목표하에 이를 달성하기 위한 전략과 전술까지 분명한 강점을 지닌다. 그러나 이러한 뚜렷한 목표와 전략, 전술에 의해 다양성과 특수성을 받아들이지 못하고 배제하는 약점을 동반한다.

같은 좌파라 하더라도 처한 상황이 다를 수 있고, 개인의 성향이 천차만별하다. 그러나 극좌파는 좌파 이데올로기에 벗어나는 어떤 생각과 논리도 허용하지 않는다. 오직 자본주의는 모두 척결해야 하고, 사회주의는 모두 정당하다는 흑백논리뿐이다. 자본주의의 장점을 어느 정도 받아들이자는 논리를 펴면 자본주의자로 비판하고, 사회주의의 약점에 대해 언급하면 반동으로 몰린다.

이런 차원에서 대한민국 극좌파는 절대로 진보일 수 없다. 현재 자신이 처한 문제점을 개선하고 더 나은 세상을 만들자는 것이 진보인데, 좌파는 자신의 문제점을 전혀 인정하지 않을뿐더러 좌파 이데올로기 이후의 더 나은 사회는 존재하지 않는다고 강변한다.

NL계열의 북한에 대한 태도는 한술 더 뜬다. 북한에 대한 비판은 금기사항이다. 특히 북한 김일성, 김정일, 김정은 체제, 주체사상, 인권, 독재체제, 권력 세습에 대해서는 일절 말을 꺼내지도 못하게 한다.

경제 몰락

마르크스는 자본주의가 가장 능률성이 뛰어난 체제라고 인정했다. 다만 자본주의는 분배가 왜곡되어 부익부 빈익빈을 부채질한다고 비판한다. 따라서 좌파는 대중을 위한 경제를 지향한다. 좌파는 경제적 능률성보다 대중의 삶의 질을 위한 부의 분배에 초점을 둔다.

그러나 사회주의 경제, 즉 대중 경제, 좌파 경제는 결코 대중의 삶의 질을 개선하지 못했다. 러시아와 동유럽, 중국과 북한 등이 사회주의 경제체제로 전환한 이후 잠시 경제가 회복되기도 했지만, 장기적으로는 이웃 자본주의 경제체제를 지속한 국가에 비해 대중의 삶의 질이 현저하게 낙후시켰다.

이러한 문제점을 인식하고 유럽 좌파들은 경제체제만큼은 정통 사회주의 경제체제의 문제점을 받아들이고, 제3의 길과 같은 대안을 찾고 있다. 러시아를 비롯한 구소련 국가는 모두 자본주의 경제체제를 받아들이거나 경제를 개방하고 사회주의 경제체제를 버렸다. 중국과 베트남도 경제만큼은 자본주의 경제체제를 받아들였다.

그러나 대한민국 극좌파는 마르크스 사회주의 경제체제를 고수한다. 국가의 주인인 대중을 위한 경제체제가 옳다고 하면서 좌파 경제 또는 대중 경제를 고집한다. 능률성과 성장에 앞서 경제적 평등이 우선이다. 능률성이 떨어지고 경제성장에 역행하더라도 좌파 경제정책을 지속한다. 소득주도 성장, 최소임금 인상, 탈원전, 태양광발전 등이 대표적이다.

심지어 좌파는 북한 경제체제가 곧 붕괴할 위기에 빠졌음에도 북한 인민은 평등하다고 강변한다. 북한의 1인당 소득이 남한의 1/30 이하인 사실을 무시한다. 북한의 소수 권력층과 다수 일반대중 간, 평양과 평양을 제외한 지역의 삶의 수준이 다르다고 해도 대한민국 좌파는 이를 애써 외면하고, 사회주의 경제체제의 우월성을 강조한다.

1인 독재

마르크스는 사회주의 체제의 완수를 위해 프롤레타리아 독재의 필요성을 제기했다. 하지만 현실적으로 모든 사회주의 국가는 프롤레타리아 독재가 아닌 1인 독재체제를 유지하고 있다. 프롤레타리아 대중의, 대중에 의한, 대중을 위한 프롤레타리아 독재가 아니라, 1인의, 1인에 의한, 1인을 위한 독재가 현실이다.

좌파는 1인 독재가 아니라 프롤레타리아 독재라고 강변한다. 그리고 프롤레타리아 독재는 자본주의의 폐지와 사회주의 완수를 위해 필요하다고 마르크스의 주장을 되풀이한다. 그러나 사회주의 체제에서 프롤레타리아 독재든 1인 독재든 간에 일반대중의 자유를 억압한다. 사회주의 체제에 대한 비판을 철저하게 차단할 뿐만 아니라 정권 담당자 1인에 대해 비판하는 사람은 누구든 정적으로 간주해 철저히 숙청한다.

김일성이 한때 동지였던 박헌영의 남로당계를 비롯해 소련파, 연안파 등 경쟁자들을 모두 반동분자로 낙인찍어 숙청하였다. 북한의 사회주의 체제가 프롤레타리아 대중을 위한 프롤레타리아 독재가 아니라 1인 독재체제임을 잘 보여준다. 특히 북한의 김일성-김정일-김정은 3대 세습 1인 독재체제에서 1인이 모든 분야에서의 모든 중요한 결정을 혼자 내린다. 정치, 경제, 사회, 문화, 농업, 국방 등 모든 분야를 지도하고 결정하고 있다. 모든 분야를 다 아는 것이 불가능함에도 대한민국 좌파는 북한의 1인 독재체제를 당연한 것으로 받아들인다.

신기득권층 형성

대한민국 좌파는 불법화되어 언제 체포될지 모르는 상황에서도 사회주의혁명을 위해 세력을 확장했다. 그 결과 정계뿐만 아니라 교육계, 노동계, 종교계, 문화계 등 사회 전반에서 조직화에 성공하여 세력을 넓혔다. 마르크스가 살아있다면 대한민국의 좌파는 사회주의 완수를 위한 공적 노력을 세계적인 모범 사례로 평가할 것이다.

그러나 대한민국 좌파는 사회주의혁명이라는 공적 과업을 완수하기 위해 조직화, 세력화해온 것으로 보기 어렵다. 이들은 각자 개인의 영달을 위해 사회주의를 이용하였다. 좌파 운동권 학생은 현실 정치에 참여하여 국회와 정부에서 자리를 차지했다. 전교조는 참교육이라는 미명하에 투쟁 과정에서 자신의 권력과 지위를 보장받았고, 노동조합은 조합원의 권익과 복지보다는 노조 지도부의 권력과 경제적 이익 확대를 위해 조합원을 파업 현장으로 내몰았다. 시민사회단체 지도부는 정치권과 결탁해 정부 내 자리를 차지했고, 시민단체 구성원들은 시민사회운동 과정에서 생계를 보장받았다. 이들은 신귀족층, 신중산층이 되어 신기득권층을 형성하면서 사적 재산을 축적하고, 입으로는 평등한 교육을 외치면서 자신의 자녀를 특목고에 보내고, 반미를 외치면서 미국 유학을 보낸다. 페미니즘을 외치면서 성폭력과 성추문의 주인공이 되기도 했다.

과거에 갇힌 미래

마르크스의 사회주의 이론은 이해하기가 쉽지 않다. 하지만 이해하고 나면 명쾌한 설명에 감탄한다. 과학적이고 논리적이다. 그러니 그의 이데올로기에 한 번 빠진 후에는 빠져나오기 어렵다. 그러나 마르크스 좌파 이론의 가장 큰 문제점은 과거는 있지만 미래가 없나는 것이다. 지난 과거에 대해서는 명쾌하게 과학적으로 근거를 제시하며 논리적으로 설명하지만 사회주의 완수 이후의 미래에 대한 설명이 없다. 사회주의가 되면 모두가 행복한 천국이 달성된다고 하지만 사회주의 완수 이후의 비전이 없다.

대한민국 좌파는 한때 잘 나가는 명문대 출신이 대부분이다. 이들은 다양한 경로로 마르크스를 접하면서 열심히 사회주의를 학습했다. 이들은 다른 보통 사람들이 잘 이해하지 못하는 마르크스의 어려운 이론을 섭렵하면서 자신에 대한 자긍심도 높이고, 대중을 의식화시키고 이끌어야겠다는 소명 의식도 갖추었다. 하지만 이들은 사회주의 탐독 이외의 지식을 학습하지 않았다. 사회주의가 완수되면 모두가 행복해질 테니 사회주의 이외의 다른 지식을 학습할 필요가 없다고 생각했기 때문이다.

이에 따라 대한민국 좌파는 사회주의에 대해서는 전문가이지만 다른 분야에 대해서는 아는 것이 없는 무식자이다. 사회주의 열정에 사로잡힌 비전문가이다. 이들은 자신이 모든 것을 안다고 생각하기에 모든 분야를 이끌고, 자문하고, 추진한다. 마치 북한의 김정은처럼.

그러나 세상은 그리 간단하지 않다. 세상은 다양하고 복잡하다. 그리고 끊임없이 변화한다. 다양한 분야의 지식을 학습하지 않고는 어떤 현대 문제도 해결할 수 없다. 변화하는 다양한 지식을 깊이 공부하지 않고는 미래를 대비할 수 없다. 150년 전 현실을 비판하고 제시한 마르크스의 비전은 150년 전에는 타당했을 수 있고 아직도 일부 새겨들을 말은 있지만, 150년 전과 현재가 같을 수 없다. 150년 전 과거에 갇혀 미래를 준비하지 않는 대한민국 좌파에게는 미래가 없다.

제6장 대한민국 좌파의 미래

1. 좌파의 종류

대한민국 좌파는 PD계열과 NL계열의 극좌파와 중도좌파, 비판적 좌파, 감성 좌파 등의 온건 좌파로 분류된다. PD계열은 자본주의를 폐지하기 위하여 프롤레타리아 혁명을 일으켜 권력을 장악한 후, 프롤레타리아 독재를 통해 모든 사람의 정치적 평등과 경제적 평등을 달성하는 사회주의 국가사회를 완성하여야 한다는 정통 마르크스 이데올로기를 신봉하는 정파이다. NL계열은 김일성 주체사상의 영도하에 대중을 의식화함으로써 사회주의혁명을 완수하여 북한을 중심으로 한 통일을 이룩하는 것을 목표로 하는 정파이다. 중도좌파는 자본주의 체제하에서 마르크스의 사회주의의 장점을 받아들이자는 정파이다. 비판적 좌파는 사회주의가 옳다는 확고한 신념은 없지만, 자본주의 체제의 문제점에 대해서는 매우 비판적이고, 각종 선거에서 우파보다는 좌파 후보를 선호하는 정파이다. 감성 좌파는 사회주의가 옳다는 신념을 보이지 않지만, 각종 선거에서 우파보다는 좌파 후보를 선호하는 40대 중반에서 50대까지의 세대와 호남을 지역 연고로 하는 출신들로 구성된다.

PD계열

PD계열은 자본주의를 폐지하기 위하여 프롤레타리아 혁명을 일으켜 권력을 장악한 후, 프롤레타리아 독재를 통해 모든 사람의 정치적 평등과 경제적 평등을 달성하는 사회주의 국가사회를 완성하여야 한다는 정통 마르크스 이데올로기를 신봉하는 극좌파이다. 이들은 자유주의와 자본주의 자체를 절대로 태어나서는 안 되는 체제로 인식한다. 자본주의와는 타협의 여지가 전혀 없다. 이에 따라 자본주의 체제의 붕괴 및 사회주의 완수라는 지상과제를 달성하기 위해 모든 수단과 방법을 동원한다. 시위, 파업, 폭력, 테러 등 불법도 자본주의 체제를 붕괴시키기 위한 것이라면 용인한다.

PD계열은 정통 마르크스 사회주의 계열의 한 갈래로 역사적으로는 일제강점기 독립운동을 이끌던 1925년 창설된 조선공산당, 그리고 해방 후 다양한 사회주의 정당을 통합하여 1945년 창설된 남조선로동당 전통을 잇는다고 볼 수 있다. 하지만 PD계열이란 명칭은 1980년대 대한민국에서 시작된 민중민주파People's Democracy 또는 평등파에서 출발한다.

PD계열은 대한민국을 신식민지국가독점자본주의로 규정한다. 이들은 대한민국이 미국 제국주의의 영향하에서 국가 주도의 자본주의를 수행하고 있기에 자본가와 노동자 간의 극한 계급 갈등이 벌어져 극심한 불평등 사회가 초래됐고, 그 결과 대중의 삶이 피폐해졌다고 분석한다. 이들은 이러한 사고를 바탕으로 대한민국 사회의 가장 시급한 문제를 계급 모순자본가와 노동자 간의 불평등으로 바라본다. 따라서 이를 극복하기 위해서는 노동계급이 주도하는 민중민주주의혁명이 필연적이라고 주장한다. 이들은 민족 모순을 우선순위로 두는 NL계열과 차별된다.

PD계열은 본래부터 몇 개의 정파가 독립적으로 형성되어 발전되어 왔다. 이들은 한국사회당 다수와 민주노동당 일부를 이루었다. 이들은 2008년 민주노동당에서 탈당한 뒤, 진보신당을 창당하였고, 2012년에 해산했다. 이들은 2012년 다른 정파와 연합하여 진보정의당을 창당했고, 2013년 정의당으로 당명을 정의당으로 바꾸었다. 그리고 일부는 2013년 노동당을 창당했다.

NL계열

NL계열은 자본주의 폐지, 프롤레타리아 혁명 후 사회주의 완수 등 정통 마르크스 이데올로기를 신봉한다는 데 있어서 PD계열과 같다. 사회주의혁명 완수를 위해 시위, 파업, 폭력, 테러 등 수단과 방법을 가리지 않는다는 측면에서 극좌파로 분류된다. 그러나 사회주의혁명을 수행하는 전략적 측면에서는 PD계열의 정통 마르크스 사회주의와 다른 입장을 견지한다.

NL계열이란 명칭은 1980년대 이후 대한민국의 좌파 운동권 중의 한 정파로 일반적으로 민족해방파National Liberation 또는 자주파自主派에서 출발한다. NL계열은 사회주의 완수를 위해 식민지반자본주의론과 민족해방민중민주주의혁명론을 전략으로 삼는다는 특징이 있다. 식민지반자본주의론은 현실 문제의 인식으로 대한민국이 봉건사회에서 벗어나지 못한 상태에서 미국 제국주의와 자본주의가 도입되어 대중에 대한 착취가 더욱 심해졌다는 것이며, 민족해방민중민주주의혁명론은 이 문제를 타개하기 위해 김일성 주체사상의 영도하에 대중을 의식화함으로써 사회주의혁명을 완수하여 북한을 중심으로 한 통일을 이룩하자는 것이다. 한마디로 NL계열은 이념적으로 북한의 김일성 주체사상을 추종하는 정파이다.

NL계열은 1987년 전국 대학 총학생회 협의체인 전대협이 창설된 이후 대한민국 좌파의 주류를 형성하여 각종 시위와 파업, 좌파 운동을 주도했다. 이들은 1991년 전국노동조합협의회전노협, 전국농민회총연맹, 전국대학생대표자협의회전대협 등 14개 운동단체와 13

개 지역운동단체 등을 포함하여 민주주의민족통일전국연합전국연합을 결성하여 각종 좌파 운동을 주도하다가 1997년 사실상 해체됐고, 2008년 대통령 선거를 앞두고 2007년에 한국진보연대진보연대로 재창립되었다. 이들은 한미 FTA 저지, 비정규직 철폐, 평화협정 체결-주한미군 철수, 국가보안법 철폐 등 4대 과제를 내걸었다. 이들의 일부는 2008년 노무현 대통령이 당선된 후 노무현 정부에 참여하기도 하고, 민주노동당, 통합진보당 등에서 활동하기도 했다. 특히 이들 NL계열은 2003년 열린우리당 창당 과정에서 핵심적인 역할을 맡았고, 이후 노무현 정부와 문재인 정부에서 주도적인 역할을 담당했다.

중도좌파

대한민국의 중도좌파는 사상적으로는 마르크스의 사회주의를 받아들인다. 그러나 이들은 자본주의 체제를 근본적으로 부정하지 않는다. 즉 이들은 PD계열과 NL계열의 극좌파와 달리 대중의 행복을 위해 사회주의혁명 및 사회주의의 완수가 절대적으로 필요하다고 생각하지 않는다. 자본주의 체제에서도 얼마든지 사회주의의 이상을 실현할 수 있다는 것이다. 이런 의미에서 이들은 자본주의 체제에 사회주의의 장점을 살린 북유럽식 복지국가를 지향한다고 볼 수 있다.

역사적으로 중도좌파는 조선공산당 및 건국준비위원회_{건준}에 참여하였지만 조선로동당과는 결별한 사회주의 세력이다. 이들은 이승만 정부에 참여하여 농지개혁을 이끌기도 했지만, 결국 이승만 정부로부터 탄압받아 세력이 사라졌다. 1980년대 이후 사회주의 세력이 PD계열과 NL계열 등 극좌파가 크게 성장하면서 중도좌파는 세력화된 조직을 형성하지 못하고 있다.

중도좌파는 조직화는 되지 못했으나 각종 선거 때, 그리고 정책 수립 과정에서 개인적인 목소리를 내고 있다. 이들은 기본적으로 좌파이기에 기본적으로 극좌파의 주장에 호응한다. 하지만 극좌파의 주장에 비판적일 때도 있다. 특히 극좌파와 달리 북한에 대해서는 비판적 입장을 견지하기도 한다. 심지어 우파 정부가 사회적 약자를 위한 정책을 수행하는 경우에는 정부를 지지하기도 한다.

비판적 좌파

비판적 좌파는 엄밀한 의미에서 좌파로 명명하기 어렵다. 이들은 사회주의가 옳다는 신념을 보이지는 않지만, 자본주의 체제의 문제점에 대해서는 매우 비판적이다. 아무튼 이들은 자신의 성향을 좌파로 인식하고, 각종 선거에서 우파보다는 좌파 후보를 선호한다는 점에서 좌파로 분류할 수 있다.

비판적 좌파는 역사적으로 세력화된 적이 없다. 하지만 대한민국이 경제적으로 성장하면서 빈익빈 부익부 문제가 커지고, 대한민국 국민의 전반적인 학력이 높아지고 자본주의의 문제점이 부각되면서 이들의 수와 목소리가 커지고 있다.

비판적 좌파의 가장 큰 특징은 자본주의의 문제점에 대해서 매우 비판적이라는 것이다. 특히 정치권력층 및 자본가 등 정치적·경제적 기득권층에 대해 심한 거부감을 나타낸다. 이러한 기득권층에 대한 거부감은 북한의 김정은 정권에 대해서도 동일하다. 이들은 기득권층의 사적이익추구, 비도덕성, 무능 등이 대부분 우파 기득권층에서 발생했다는 관점에서 우파에 등을 돌리고, 자신을 좌파로 자처한다.

감성 좌파

감성 좌파는 사회주의가 옳다는 신념을 보이지 않는다는 측면에서 엄밀한 의미에서는 좌파라고 할 수 없다. 하지만 이들은 자신의 성향을 좌파로 인식하지는 않지만, 각종 선거에서 우파보다는 좌파 후보를 선호한다. 또한 이들은 우파와 자본주의 체제의 문제점에 대해서 매우 비판적이고, 때로는 극좌파의 주장에 대해 동조한다는 점에서 좌파로 분류할 수 있다.

감성 좌파가 조직화한 적은 없지만 1980년 이후 집단화되어왔다. 이들은 두 부류로 구분된다. 첫 번째 부류는 2024년 현재 40대 중반에서 50대까지의 세대이고, 두 번째는 광주, 전남, 전북을 지역 연고로 가진 호남지역 출신들이다. 첫 번째 감성 좌파는 1980년대 중반부터 대학 내 민주화 운동이 보편화되어 민주화 운동이 특정 학생의 전유물이 아니라 일반대학생에게까지 확대된 보편적인 운동으로 공유화되면서 이 시기에 대학을 다녔던 학생 및 이들과 연령대 동료로 민주화의 필요성을 공감하는 세대이다. 두 번째 감성 좌파는 1980년 광주민주화운동 과정에서 미국의 방조와 신군부의 폭압적 진압으로 인해 발생한 광주민주화운동 희생자에 대해 지역적 감성을 공감하는 지역 출신 중 일부이다.

감성 좌파의 가장 큰 특징은 반미를 부르짖는 동시에 우파 정부에 대해 거부감이 크다는 데 있다. 감성 좌파는 1980년대 민주화 운동을 주도하던 NL계열의 반미 및 국가자본에 대한 혐오감을 공유한다. 하지만 이들은 극좌파와 달리 자본주의 체제를 부정하지 않으며, 사회주의혁명의 필요성에 대해 찬성하지 않는다. 또한 북한에 대해 동족으로서 서로 협력해야 한다는 입장을 보이는 한편, 김정은 정권에 대해서는 비판적이다.

2. 좌파의 흥망성쇠

대한민국 좌파는 자본주의 체제의 문제가 드러나고, 각종 사회문제에 대해 정부가 대처하지 못했을 때 현실 문제에 대한 비판이 일반대중에게까지 전파되어 대중에 대한 의식화가 진전될 때 성장해왔다. 반면, 좌파는 극좌파의 극단적인 파업, 테러, 무장투쟁이 전개될 때, 외국 사회주의 국가가 몰락할 때, 그리고 젊은 세대가 탈이데올로기화 할 때 쇠퇴하였다.

좌파의 성장

마르크스의 사회주의는 자본주의 비판에서 시작했고, 좌파 사회주의 세력은 문화적 헤게모니 장악 및 좌파의 연대로 세력을 확장했다. 대한민국 좌파의 세력 역시 현실 문제에 대한 비판으로부터 시작되어 일반 시민에 대한 의식화, 그리고 의식화된 좌파 세력의 연대를 통해 좌파 이데올로기의 확산 및 세력을 확장했다.

대한민국 역사에서 가장 좌파 세력이 강성했던 때는 일제강점기이다. 이 당시에는 현실적으로 시국에 대해 이해하는 한국인이라면 모두가 봉건주의와 제국주의에 대한 비판에 열을 올렸다. 지역적으로 한반도가 러시아와 중국에 인접하였기에 사회주의를 받아들이기가 어렵지 않았고, 자유주의 및 자본주의 체제를 갖춘 미국과 유럽은 지역적으로 너무나 멀었다. 대부분의 한국인 선구자가 중국 및 러시아에서 독립운동을 한 것도 같은 이유이다. 또한 일본에서도 적대국인 미국 및 유럽의 자유주의 및 자본주의에 관한 서적은 거의 출판되지 않았고, 전쟁을 수행하지 않고 있던 러시아의 사회주의 서적은 일본어로 번역되어 출판되고 있었다. 이 결과 절대다수의 한국 지식인은 사회주의 출판물과 자연스럽게 접했고, 조국 독립을 위한 수단으로 사회주의를 받아들였다. 이에 따라 한국인 대부분은 지식인들이 선도하는 대로 사회주의를 자연스럽게 받아들였다.

다음으로 대한민국 좌파가 성장한 시기는 1980년대 이후 현재까지이다. 1980년 신군부가 권력을 장악한 이후 한국인 대부분은 군사정권에 대한 비판을 서슴지 않았다. 또한 경제발전에 따른 결과가 일반 국민에게 돌아가기보다는 재벌기업의 차지가 되어버린 부익부 빈익빈 문제가 제기되기 시작하면서 국가자본주의의 문제점이 대중적으로 받아들여졌다. 이러한 현실은 좌파의 자유주의와 자본주의에 대한 비판과 논리적 일치를 보이면서 대학생 운동권 중심으로 좌파 의식화가 급격하게 진전되었다. 또한 1987년 대통령 직선제 열망이 민주화에 대한 요구로 이어지면서 한국 사회 내 다양한 집단의 목소리가 커졌다. 노동계를 필두로 교육계, 종교계, 출판계, 문화계 등 다양한 분야에서 다양한 요구를 실현하기 위해 이들 세력이 조직화 되었다. 이 과정에서 좌파는 이들의 조직화에 협조하는 한편, 이들 구성원을 의식화하면서 세력을 키웠다.

한편, 1990년대 이후 다양한 분야의 다양한 조직은 좌파를 중심으로 연대하여 각 조직의 요구를 현실적으로 달성하는 한편, 이들은 조직의 목소리를 더 강화하기 위해 시민사회단체를 형성하였다. 이 과정에서 좌파 특유의 조직력이 작동되어 좌파 시민사회단체가 중심적인 역할을 하였다. 이들 좌파 시민사회단체는 정치권에도 영향을 미쳐 일부는 직접 정부의 고위직을 맡았고, 일부는 기존 정당의 국회의원으로 활동하였다. 결국 2000년대 이후 한국 사회는 좌파가 활보하는 세상이 되었다.

이상과 같이 좌파가 성장했던 시기의 좌파는 다음과 같은 전략적 위치를 취하였다. 첫째, 좌파는 국가권력을 담당한 우파 대통령 및 정부를 국가 독점 자본주의 체제의 문제점으로 끈질기게 비판하였고, 이러한 비판이 대중에게 서서히 수용되었다. 1960년 5·16으로 정권을 잡은 박정희 대통령부터 1980년의 전두환 대통령, 1987년의 노태우 대통령까지 군인 출신으로 군부를 바탕으로 권력을 장악했다. 노태우 대통령의 경우는 국민 직접 선거로 대통령에 선출되었지만 대한민국 국민은 노태우 대통령 역시 군부 세력을 바탕으로 정권을 잡은 군사정권의 연장으로 이미지화하였다. 좌파는 김영삼 대통령 역시 노태우 대통령의 민정당과 합당한 군사정권의 전통을 이어받은 세력으로 포장했고, 이후의 이명박, 박근혜 대통령 역시 크게 다르지 않다고 비판했다.

좌파는 이들 군부독재 독점 자본주의 세력이 재벌을 비호하여 불균형한 경제발전을 추진함으로써 부익부 빈익빈의 악순환을 반복, 증가시켰음을 지속적으로 비판했다. 재벌기업의 부는 빠르게 증가한 반면 일반 대중의 생활 형편은 답보 상태라는 좌파의 자본주의 체제에 대한 비판을 대중이 점차 받아들였다. 이 외에도 좌파는 우파 정부의 다양한 분야에서의 다양한 문제점을 자본주의 체제 자체의 문제로 부각했다. 그리고 일반 대중은 이러한 좌파의 전략을 공감하는 만큼 이들이 자본주의의 대안이 될 수 있다고 의식화되어갔고, 이에 따라 좌파 세력이 확장되었다.

둘째, 1980년 이후 대한민국 경제가 빠르게 성장하면서 사회가 급격하게 변화하였을 때, 좌파는 국민의 새로운 요구를 반영하여 정권 담당자의 문제점을 비판했다. 사회변화에 따라 새로운 문제가 발생했고, 대중의 다양한 요구가 분출되었지만 정권 담당자는 이러한 요구에 대해 적절하게 대응하지 못했다. 정치 및 경제의 민주화, 교육개혁, 노동개혁 등 급격한 사회변화에 따른 다양한 분야에서의 요구를 정부가 적절히 반영하지 못하였다. 이들 불만 세력은 현 체제를 부정적으로 바라보고 새로운 시대를 열어야 한다고 주장하는 좌파 세력에 쉽게 동조하였다. 이 결과 국민의 눈높이에 맞추어 정부를 비판하는 좌파 세력을 국민은 대안 세력으로 평가하였고, 이에 따라 좌파 세력이 확대되었다.

셋째, 좌파는 새로운 사회적 이슈를 선점하고 대중과 소통하면서 대중과의 공감대를 넓혔다. 대한민국 좌파는 체제의 문제를 해결하기 위해서는 사회가 끊임없이 변화해야 한다며 진보를 자처하면서 지속적으로 새로운 이슈에 대처했다. 통일, 미군 주둔, 일본 위안부 등 대중의 관심을 끌 수 있는 과거사 문제뿐만 아니라 미군 여중생 압사 사고, 광우병 사태, 세월호 사건 등에 대해 문제를 제기하고 촛불시위 등으로 대중의 관심을 유발하였다. 이로써 당시 정권 담당자의 도덕적 문제와 무능을 비판하는 한편, 좌파의 도덕적 우월성을 확보하고 좌파가 대안 세력임을 대중에게 확인시킴으로써 세력을 증대하였다.

좌파의 쇠퇴

좌파의 성장 요인이 좌파의 특징에서 기인하듯이, 좌파의 쇠퇴 역시 좌파의 특징에서 나온다. 즉 좌파의 쇠퇴 요인은 사회주의혁명, 프롤레타리아 독재 등과 같은 뚜렷한 좌파의 급진적 목표에 따른 대중과의 괴리, 평등 우선의 정책 추진에 따른 경제의 몰락, 사회주의의 완벽성에 의한 미래 부재 등이다.

대한민국 역사에서 좌파가 가장 급격하게 쇠퇴했던 시기는 1948년 대한민국 정부 수립 전후 및 한국전쟁을 거치면서이다. 대한민국 정부가 수립되기 전 남한에도 좌파는 다른 정치 세력에 비해 월

등했고, 일반 대중의 지지 역시 높았다. 그러나 좌파는 미군정이 건준 및 조선공산당을 인정하지 않자 적극적으로 파업, 시위, 무장 폭동을 일으켰고, 미군정은 좌파 세력을 불법화하였다. 이어 대한민국 정부가 자유주의 및 자본주의 체제를 기본으로 수립되면서 좌파는 대한민국 정부 및 체제 전복을 위한 무장투쟁을 전개하였고, 일반 대중 대부분이 이러한 무장투쟁에 대해 냉담 또는 거부감을 나타냄으로써 대한민국 정부의 좌파 소탕에 힘이 실렸다. 이에 따라 좌파의 핵심은 북한으로 넘어가고, 잔존 좌파 세력은 무장투쟁 끝에 소멸의 길을 걸었다. 특히 북한의 좌파 정부 주도로 남한을 무력으로 침략하는 한국전쟁 과정에서 북한의 사회주의 체제와 남한의 자유주의 체제의 극한 대결 결과 남한의 좌파는 몰락의 길을 걷게 되었다. 한국전쟁이 종결된 후 남한에 잔존하고 있던 남부군 및 제주 4·3 사건 주모자의 사망으로 대한민국 좌파는 종적을 감추었다.

다음으로 1990년대 초 소련 및 동유럽의 붕괴 시에 좌파에게 위기가 닥쳤다. 소련 및 동유럽의 몰락은 사회주의 경제의 붕괴 결과이다. 미국 및 서유럽의 자본주의 체제가 소련과 동유럽의 사회주의 경제체제보다 우수하다는 역사적 평가이다. 또한 내부적으로 소련 및 동유럽의 사회주의 정치체제에 대한 대중의 혐오에 의해 사회주의가 무너진 것이다. 소련의 스탈린 1인 독재에 대한 혐오와 자체적인 비판이 소련 사회주의 정치체제 내에서 촉발되었다. 동유럽국가의 대중 역시 사회주의 체제 수립 이후 1인 독재 체제에 대한 반발과 동시에 지속적으로 자유화를 요구하였다. 동유럽 정치체제의 붕괴 이후 동독의 호네커Erich Honecker, 루마니아의 차우셰스쿠Nicolae Ceausescu 등 동유럽의 독재자들이 비참한 최후를 맞이한 것은 해당 국가 대중의 사회주의 정치체제의 혐오에서 비롯된 것으로 볼 수 있다.

특히 대한민국 좌파의 위기는 2000년 이후 대학 내 좌파 운동권 세력의 몰락 및 젊은 세대의 탈이데올로기화이다. 1980년대의 전대협과 전대협의 전통을 이어받은 1990년대의 한총련은 PD계열의 극좌파 학생 운동권이고, 이들은 같은 세대의 젊은이들에 대한 좌파 의식화에 지대한 공헌을 하였다. 그러나 2000년대 들어서면서 한총련의 폭력시위에 대한 반발로 비운동권 후보가 총학생회장으로 선출되면서 대학 내 좌파 세력은 몰락했다. 동시에 사회가 빠른 속도로 산업사회에서 4차산업혁명사회로 진입하면서 산업사회의 이데올로기가 인간 행복을 위한 대안으로서의 자리를 잃었다.

이상과 같이 좌파가 쇠퇴했던 시기의 공통점은 다음과 같다. 첫째, 좌파의 본색이 드러날 때이다. 좌파는 대중이 좌파의 전략에 호응한다고 판단될 때 궁극적인 좌파의 목표인 사회주의혁명을 시도

한다. 폭력과 무장투쟁 등 수단과 방법을 가리지 않고 자본주의 체제를 전복하려는 것이다. 그러나 대한민국 일반 대중은 그 목적이 아무리 정당하다고 해도 어떤 방식의 폭력도 일단 거부하는 경향이 있다. 해방 이후 한국전쟁이 끝난 후까지 좌파의 무장투쟁이 지속됐으나 일반대중은 호응하지 않았다. 1990년대 초 전대협의 친북행동 및 분신자살 투쟁 역시 대중의 지지를 받지 못해 전대협이 해체됐고, 1990년대 말 한총련의 극한투쟁 역시 대중의 외면을 받아 2000년대 대학에서 학생운동이 자취를 감추게 된 것 모두 사회주의혁명 완수라는 목표가 대중에게 드러날 때 좌파는 쇠락했다.

둘째, 좌파가 자유주의 및 자본주의의 대안이 될 수 없음이 확인될 때이다. 소련과 동유럽의 몰락은 사회주의가 자본주의의 대안이 될 수 없음을 증명했다. 북한의 정치, 경제, 사회적 실상은 대한민국의 자유주의 및 자본주의를 절대로 대체할 수 없다. 국내적으로도 딱히 좌파 정부로 규정하기에는 논란의 여지가 있지만 좌파에 우호적인 정부라고 할 수 있는 김대중, 노무현, 문재인 정부에서는 대중의 민주화에 대한 요구를 일정 부분 해결하였지만, 동시에 다양한 문제를 일으키기도 했다. 과거에 있었던 정부와 좌파 간의 갈등을 화해와 협력하는 데는 역할을 하였으나 우파 정부가 해결하지 못한다고 비판했던 다양한 정부 정책 이슈를 해결하지 못했다. 오히려 정부 운영에 있어서 우파 정부보다 낮은 평가를 받았다. 한미 FTA 재협상, 한일 과거사, 북한 핵, 개성공단, 금강산 관광 등에서 별다른 진전을 보이지 못했다. 교육 및 노동 등 사회개혁에서도 성과가 없었다. 청년실업, 저출산 고령화, 비정규직, 여성 및 아동, 노인 문제 등의 정책에 있어서도 지지부진하였다. 특히 경제성장에 있어서는 저성장을 면치 못했다. 이러한 결과 우파 정부에 대해 비판적인 대중조차도 좌파 정부의 한계를 파악하기 시작했다. 결국, 일반대중의 좌파에 대한 기대가 식어갔다.

셋째, 좌파는 본질적으로 과거에 대한 비판은 강한 반면, 미래 문제에 대해서는 구체적인 비전을 보여주지 못한다. 마르크스 사회주의의 본질적인 문제이다. 즉 마르크스는 자본주의의 문제에 대해서는 구체적으로 비판하여 대중에게 설득력이 있으나, 미래에 대해서는 사회주의의 완성 이후에는 역사의 발전이 멈춘다. 좌파의 미래는 사회주의 완성이 전부이다. 사회주의 체제에서 정치적으로, 경제적으로 평등을 이루면 행복이 완성되고, 그 이후는 없다. 결국 좌파 사회주의는 비판을 위한 이론이지, 미래를 위한 이론이 아니다. 따라서 대한민국 좌파 역시 미래사회에 대한 비전이 없다. 현대사회의 수많은 새로운 문제에 대해서는 언급하지 않고 있다. 일반대중이 모를 리 없다. 현재 모르더라도 언젠가는 알게 될 것이다.

3. 좌파의 갈림길

대한민국 좌파는 장점이 드러날 때 성장했고, 단점이 드러날 때 쇠퇴했다. 향후 좌파에 유리한 상황이 발생할 경우도 있고, 반대의 경우도 발생할 수 있다. 하지만 사회주의 이후의 미래를 제시하지 못하는 극좌파의 미래는 암울하다. 단 온건 좌파는 미래세대에게 어떤 청사진을 제시하느냐에 따라 흥할 수도 있고 망할 수도 있다.

모든 정파가 다 그렇듯이 좌파도 성장할 때가 있고, 쇠락할 때도 있다. 좌파의 장점이 발휘되는 시기에는 성장하고, 문제점이 나타날 때는 쇠퇴하였다. 좌파가 문화적 헤게모니를 장악한 시기에는 성장했고, 그렇지 않을 때는 쇠락했다. 좌파의 주장과 전략이 대중에게 전달되어 대중이 이를 이해하고 공감하는 범위가 확대될 때는 좌파가 성장했고, 좌파와 대중 간의 공감대가 약해질 때는 좌파가 쇠락했다.

이러한 상황에서 대한민국 좌파는 갈림길에 서 있다. 지금까지 해 온 바와 같이 좌파의 강점과 문제점을 포함한 현실을 계속 밀고 나갈 것인가, 아니면 변화하는 상황에 따라 새로운 길을 모색할 것인가.

일단 PD계열과 NL계열과 같은 극좌파는 미래가 밝지 않다. 이들 극좌파는 일제강점기 시대에는 조국 독립을 위한 대안으로, 그리고 80년대 후반부터는 군부독재에 대항하는 민주화 대안 세력으로 위치를 굳건히 하였고, 이에 따라 대중의 지지를 등에 업고 세력이 확대됐다. 일반대중은 조국 독립과 민주화를 위해 이들 좌파의 리더십을 받아들인 것이다. 그러나 일반대중은 PD계열이 목표로 하는 파업과 무장투쟁을 통한 프롤레타리아 혁명을 통한 사회주의 완수를 응원하지 않는다. 더욱이 NL계열이 목표로 하는 북한 중심의 흡수

통일을 바랄 리가 없다. 이들 극좌파가 현재와 같은 노선을 추구한다면 일반대중으로부터 외면받을 것이 어둠에서 불 보듯 확실하다. 하지만 PD계열과 NL계열은 사회주의혁명을 절대로 포기할 수 없다. 사회주의혁명을 포기하는 순간 이들은 더 이상 PD계열도, NL계열도 아니게 되기 때문이다.

이들 극좌파의 사회주의혁명 목표와 본모습이 알려지면 대한민국 국민의 사회주의혁명에 대한 혐오, 극단적 갈등에 대한 부담 더 이상 성장은 없고 쇠퇴만 거듭될 뿐이다 더욱이 이들이 미래를 제시하지 못하는 낡은 이데올로기를 포기하지 않는다면, 2000년 이후 대학가에서 사라진 좌파처럼 한순간에 미래를 꿈꾸는 미래세대에게 버림받을 것이다.

한편, 자본주의 체제를 부정하지는 않으면서 사회주의의 강점을 받아들이려고 하는 온건 좌파는 극좌파와 달리 유연한 자세로 위치를 유지할 수도 있다. 대한민국 국민은 1960년대와 1970년대의 산업화, 1980년대 후반부터의 민주화 시기를 거치면서 사회주의에 대한 극단적 거부감이 완화됐다. 좌파의 합리적 비판에 귀를 기울였고, 좌파의 대안에 대해서 적극적인 지지를 보내기도 했다. 민주화에 대한 염원으로 좌파의 주장에 동조했고, 시위 현장에 함께 하기도 했다.

따라서 성장하느냐, 사멸하느냐는 좌파 자신에게 달려 있다. 대중이 원하는 것을 제시한다면 성장할 것이고, 대중이 원하는 것을 제시하지 못한다면 쇠퇴할 것이다. 자본주의 체제의 한계와 문제점을 개선할 수 있는 미래 대안을 제시한다면 성장도 가능하다. 북유럽과 서유럽국가의 사회주의 정당과 같이 자본주의 체제 내에서 자본주의의 장점인 성장과 사회주의의 장점인 분배를 지향하는 복지국가를 지향하여 정권을 담당할 수도 있다.

그러나 대한민국의 온건 좌파 또한 갈 길이 험하다. 지금까지 대한민국 좌파는 소수의 극좌파가 끌어왔다. 온건 좌파는 극좌파가 제시한 목표와 전략을 따라가기만 했다. 그러니 온건 좌파가 지금까지 그래왔던 것처럼 극좌파의 목표를 따라가기만 한다면 극좌파와 같이 사멸의 운명을 맞이할 것이다. 반면, 극좌파와 달리 온건 좌파가 새로운 길을 개척한다면 이야기는 다를 수 있다. 하지만 대한민국 온건 좌파가 극좌파의 리더십을 배제하고 새로운 목표와 전략을 마련하기란 생각만큼 쉽지 않다.

특히 좌파 또는 우파 이데올로기에 전혀 관심이 없는 젊은 세대는 과거와 현재의 문제보다 자신의 미래에 관심이 더 높다. 젊은 세대는 이데올로기가 더 이상 자신을 보호해주지도, 이익을 주지도 않을 것임을 잘 알고 있다. 미래의 행복을 위해서 전혀 대안을 제시하지 못하는 낡은 이데올로기에 집착할 이유가 없다. 그리고 이러한 새로운 세대는 향후 인구 대비 비율이 점차 높아질 것이다. 즉 좌파도 우파도 시간이 지남에 따라 점점 사라질 것이고, 결국은 이데올로기 종말이 올 것이다.

결국 대한민국 좌파는 변화할 수밖에 없다. 변화하지 않으면 사멸할 수밖에 없다. 더 이상 과거와 현재의 문제에만 매달려서는 낡은 본색만 드러날 뿐이다. 미래 좌파는 이데올로기를 뛰어넘어 대한민국의 성장과 발전, 국민의 행복을 위한 미래에 대한 대안을 제시하기를 기대한다.

참고문헌

김운회. (2017). 대한민국 좌파, 그들은 누구인가. 미래한국, 2017. 7. 17.

남광규. (2005). 해방초 임정·인공 정치기반의 동질성과 대립 원인: 임정·건준의 중간파 성격과 좌파의 인공 수립 배경을 중심으로. 국제정치논총, 45(3) : 149-168.

남시욱. (2018). 한국 진보세력 연구. 청미디어.

박희봉. (1998). 관료제의 도구적 합리성과 실제적 합리성. 한국정치학회보, 32(2): 125-145.

박희봉. (2013). 좋은 정부, 나쁜 정부. 책세상.

신주백. (2017). '민주공화제'론과 비자본주의를 지향한 '민족주의운동 좌파'(1919-45). 역사와 현실, 108 : 91-140.

심지연. (2015). 조선 공산주의자들의 인식과 논리. 백산서당.

이성백. (2007). 좌파 이론운동의 흐름. 진보평론, 32 : 219-231.

전용헌. (1989). 해방이후 한국 좌파세력의 정치조직과 정치노선 연구. 사회과학논총, 제8집 : 249-295.

정해구. (1988). 10월 인민항쟁연구. 열음사.

채장수. (2004). 한국 좌파집단의 인식과 지향. 한국정치학회보, 38(3) : 93-112.

커밍스, 부르스. (2023). 김범 옮김. 한국전쟁의 기원. 2-1, 폭포의 굉음 1947-1950. 글항아리.

현대사상연구회. (2009). 반대세의 비밀, 그 일그러진 초상. 인영사.

Barbalet, J.M. (1983). Marx's Construdtion of Social Theory. Boston: Routledge & Kegan Paul.

Fetsher, Iring. (1971). Marx and Marxism. New York: Herder & Herder.

Fischer, Ernst. (1968). Marx in His Own Word. London: The Penguin Press.

Marx, Karl. (1977). (intro.) Ernest Mandel. (trans.) Ben Fowkers. Capital. New

York: Vintage Books.

Tucker, Robert C. (ed.) (1978). The Marx-Engels. New York: W.W. Norton & Company, Inc.

Weber, Max. (1947). (trans.) A.M. Henderson and Talcott Parsons. The Theory of Social and Economic Organizations. New York: The Free Press.